servir
revue adventiste de théologie

SERVIR - *Revue adventiste de théologie*, est la revue de la Faculté adventiste de théologie de Collonges-sous-Salève (France). Elle touche l'ensemble des domaines de la théologie.

Même si globalement la teneur des articles est soutenue par le Comité scientifique et la Faculté adventiste de théologie, les positions défendues dans les articles n'engagent que leurs auteurs.

Tout article peut être proposé à la rédaction. Merci d'envoyer votre manuscrit par courriel à secretariat.fat@campusadventiste.edu. Il sera considéré par le Comité scientifique.

Directeur de la publication : Gabriel Monet

Comité scientifique : Roland Meyer (président), Rivan Dos Santos, Marcel Ladislas, Luca Marulli, Gabriel Monet, Jean-Luc Rolland.

Secrétaire de rédaction : Chantal Zehnacker

Correspondants : Jacques Doukhan (Amérique du Nord), Yves Jacques (Afrique), Sully Payet (Océan Indien), Roger Tetuanui (Pacifique).

Tarifs et abonnements
Prix de vente du numéro : 7 €
Prix de l'abonnement (deux numéros par an, frais de port compris) :
    Pour l'Europe et Dom-Tom : 14 €
    Pour le reste du monde : 18 €

Pour s'abonner, merci de remplir le formulaire prévu à cet effet sur la page dédiée du site Internet du Campus adventiste du Salève : www.campusadventiste.edu. L'abonnement peut être réglé par carte bancaire directement sur le site, ou à défaut par chèque à l'adresse de la faculté. Pour toute question ou renseignement à propos de l'abonnement : secretariat.fat@campusadventiste.edu.

© 2019, Faculté adventiste de théologie
33 chemin du Pérouzet, 74160 Collonges-sous-Salève
Imprimé par Books on Demand GmbH, Nordestedt, Allemagne

ISBN : 9782911358531
ISSN : 2606-1805

Dépôt légal : mai 2019

Editorial

« Je viens bientôt »

Roland Meyer[1]

Raisonner en termes d'eschatologie, c'est penser l'espérance chrétienne et c'est penser sa raison d'être et son contenu. Raisonner en termes d'eschatologie c'est penser à celui « qui était, qui est et qui es en train de venir » (Ap 1.4) et c'est penser à celui qui est le premier et le dernier (*eschaton*, Ap 22.13). C'est donc bien plus que de se pencher sur une chronologie événementielle de la fin. Le raisonnement eschatologique oriente le discours sur le salut. Cette réflexion ne doit pas être confondue avec une futurologie. Elle n'est pas une spéculation métaphysique, mais le témoignage de l'espérance chrétienne. L'eschatologie ne peut faire l'économie de l'anthropologie biblique, de la christologie et de la sotériologie. Les quatre sciences sont en lien les unes avec les autres et procèdent les unes des autres.

L'humanité se pose des questions philosophiques, existentielles, technologiques, théologiques sur l'avenir qui est incertain et menacé. De quoi l'homme est-il capable ? Ses interventions vont-elles résoudre les problèmes et apaiser la crainte de l'avenir ou au contraire, péjorer la situation ? L'homme est en attente de quelque chose, mais il ne sait pas bien de quoi. Pour tenter de résoudre la question liée à cette attente, il fait appel à son savoir, à son pouvoir, à sa raison, à son bon sens, mais aussi à la foi et donc, à la religion.

L'eschatologie étudie les réalités ultimes et le passage entre ce monde et le monde à venir provoqué par la seule volonté et le pouvoir divins. Elle envisage la création de nouveaux cieux et d'une nouvelle terre. Elle oppose l'éphémère à l'éternel, le mortel à l'immortel. L'eschatologie n'est pas une doctrine chrétienne, mais le christianisme est eschatologie parce qu'il « est espérance, perspective et orientation en avant, donc aussi départ et changement du présent[2]. » Le Dieu du chrétien est un Dieu de l'espérance. Dieu est

---

[1] Roland Meyer, docteur en théologie, est professeur de théologie systématique à la Faculté adventiste de théologie de Collonges-sous-Salève (France).
[2] Jürgen Moltmann, *Théologie de l'espérance. Etudes sur les fondements et les conséquences d'une eschatologie chrétienne*, Paris, Cerf-Mame, 1973, p. 12.

ontologiquement tourné vers l'avenir. L'eschatologie chrétienne part du fait attesté de la résurrection du Christ et annonce l'avenir comme consécutif à cet événement historique. L'espérance chrétienne est donc espérance de résurrection eschatologique (voir 1Co 15). Elle fonde son raisonnement sur une réalité qui fait rupture avec le monde actuel de mal et de péché.

Le problème de l'espérance est mal posé si on tente de fixer une date du retour du Christ. Le fait de fixer une date relève d'une prétention d'une connaissance que l'homme ne peut pas avoir. L'espérance ne peut se construire qu'à partir de faits déjà vérifiables dans le passé car espérer ce n'est pas partir de rien pour aller vers le néant, c'est partir d'une réalité passée pour aller vers une réalité à venir qui prend sa source et se fonde sur l'événement passé. « Il est impossible de parler correctement de l'espérance, sans partir de l'événement décisif qui a déjà eu lieu, sans partir de la foi qui a le regard tourné vers le passé et qui reconnaît aussi dans le présent l'accomplissement du plan de salut divin[3] ».

L'humain vit dans une histoire événementielle de laquelle il ne peut se départir. A plus forte raison, l'histoire des faits religieux imprime dans l'individu des repères qui lui permettent de considérer l'avenir comme n'étant pas dépourvu de liens avec le passé. Ainsi il n'est pas possible d'espérer sans ancrer cette espérance dans la mort du Christ et dans sa résurrection. L'acte salvifique du Christ introduit le croyant dans une dynamique salutaire.

Il est important de considérer l'eschatologie sous deux aspects : l'eschatologie générale qui présente l'histoire du monde comme arrivant à sa fin, une fin divinement fixée et maîtrisée, et l'eschatologie individuelle qui traite de la fin de la vie de la personne humaine, laquelle entre dans l'éternité de Dieu lors de la résurrection[4].

Les paroles de Jésus « Je viens bientôt » (Ap 22.7,12,20) retiennent l'attention des croyants depuis le premier siècle et inspirent différents types de comportements. « Bientôt » traduit le mot grec *tachus*. Considéré sous un angle chronologique de l'eschatologie générale, il est vrai que le « bientôt » peut sembler long. Ce mot contient aussi l'idée de soudaineté, comme le dit la métaphore du voleur dans la nuit employée par Paul dans sa lettre aux Thessaloniciens (1Th 5.3). Si ce « bientôt », chronologie ou soudaineté, est ramené à l'eschatologie individuelle, il ne peut qu'indiquer un événement devant se produire dans un temps relativement court, sachant qu'une vie humaine se déroule généralement en moins d'une centaine d'années. Considérant

---

[3] Oscar Cullmann, *Le retour du Christ, espérance de l'Eglise, selon le Nouveau Testament*, Neuchâtel/Paris, Delachaux et Niestlé, 1943, p. 11.
[4] Voir Louis Berkhof, *Systematic Theology*, Edinburgh, The Banner of Truth Trust, 1979, p. 666-667.

l'anthropologie biblique qui nous dit qu'entre la fin de la vie et la résurrection il y a « absence » de temps (Ec 9.5-6) et que la résurrection a lieu lors de l'avènement du Seigneur (1Th 4.13-17), c'est comme si la rencontre avec le Christ avait lieu lors de la mort. Le « bientôt » serait alors le moment de la mort de l'individu.

Jésus a rassuré ses disciples en leur disant : « Il y a beaucoup de demeures dans la maison de mon Père. Sinon, vous aurais-je dit que je vais vous préparer une place ? Si donc je m'en vais vous préparer une place, je reviens vous prendre auprès de moi, pour que là où, moi, je suis, vous soyez, vous aussi » (Jn 14.2-3). Que fait Jésus entre le moment où il quitte ses disciples et le moment de son retour ? Difficile à dire. Mais il a affirmé qu'il allait leur préparer une place et qu'il reviendrait alors les prendre avec lui. Pourrions-nous nous risquer de dire que « bientôt » pourrait alors avoir le sens de « aussi vite que possible » ?

Dans ce numéro de *Servir – Revue adventiste de théologie*, avant une série de quatre articles en lien avec l'eschatologie[5], Gabriel Monet interpelle le lecteur sur la notion de *parrêsia*, « franc-parler ». Pour l'auteur de l'étude, « être témoins du Christ aujourd'hui implique probablement de faire preuve de *parrêsia* », puisque le franc-parler et la liberté de langage caractérisaient déjà les interventions de Jésus et des apôtres. L'étude d'Emilie Escure-Delpeuch nous met à l'écoute des Pères orientaux des premiers siècles pour nous permettre de découvrir leur très profonde spiritualité. Angel Manuel Rodriguez, dans son article sur l'eschatologie adventiste, met l'emphase sur ce qu'il appelle la « discontinuité radicale » qui est le passage entre le présent et le futur et montre en quoi cette eschatologie est une vision biblique d'un avenir glorieux, tant pour le cosmos que pour les hommes. Le livre de l'Apocalypse utilise un langage qui pousse le lecteur à comprendre que la fin est proche. En étudiant les sens du mot « bientôt », Laszlo Gallusz montre comment il est possible de comprendre l'insistance de l'auteur de ce livre sur la notion de parousie imminente. Pour Jiri Moskala, ce qui est essentiel n'est pas de savoir quand Jésus reviendra, mais de savoir qu'il reviendra vraiment. Pour lui, cette assurance de la parousie ne doit pas remettre en question l'éducation théologique essentielle au développement de l'humain et de l'Eglise. Pour terminer, l'étude de Rahel Wells conduit le lecteur dans une réflexion relative à la pertinence de la responsabilité écologique en dépit de la conviction de la création d'une nouvelle terre.

---

[5] Ces quatre articles constituent une sélection de communications présentées lors de la quatrième Conférence biblique internationale, qui s'est penchée sur le thème de l'eschatologie biblique, organisée à Rome du 11 au 21 juin 2018 par le *Biblical Research Committee* de la Conférence générale des Eglises adventistes du septième jour.

Etre et dire vrai !
La notion de *parrêsia*
dans une perspective théologique

Gabriel Monet[1]

L'authenticité est une valeur en vogue qui reflète une forme d'expressivisme global où ce qui compte est d'être vrai à soi-même avant toute chose. La quête de vérité, qui a longtemps été principalement rationnelle et donc idéalement objective, est aujourd'hui au moins autant expérientielle, ce qui la rend bien plus subjective. En d'autres termes, cette priorité d'« être et dire vrai » implique une forme d'affirmation personnelle qui fait du sujet une personne qui a son indépendance d'esprit, qui ose exprimer ce qu'elle pense et croit, qui s'épanouit en étant véritablement auteur de son propre chemin de vie.

Charles Taylor a magistralement montré que la révolution de l'« individualisme expressif », qui touche actuellement nos sociétés contemporaines, nous a fait entrer dans une « culture de l'authenticité », qui consiste en une conception de la vie selon laquelle « chacun de nous a sa manière propre de réaliser son humanité, qu'il est important de trouver sa voie et de vivre en accord avec elle, au lieu de se soumettre au conformisme avec un modèle imposé de l'extérieur, par la société, par la génération précédente, par l'autorité religieuse ou politique[2] ».

Le mot grec *parrêsia* résonne de manière très positive avec cette vision et cette réalité. Il est vrai que la notion de *parrêsia* est quasi inconnue en tant que telle puisque le terme n'a pas d'équivalent dans les langues contemporaines, même si bien sûr une diversité de mots contribuent, par touche, à rendre son sens. Pourtant, avec la *parrêsia* :

---

[1] Gabriel Monet, docteur en théologie, est professeur de théologie pratique et doyen de la Faculté adventiste de théologie de Collonges-sous-Salève (France).
[2] Charles Taylor, *L'âge séculier*, Paris, Seuil, 2011, p. 811.

« Nous sommes ici au cœur des valeurs de la communication, de la persuasion et du contact, auxquelles l'époque actuelle est très attachée dans le domaine des relations humaines. [...] A l'autre bout de la chaîne, quatre siècles avant J.C., ces valeurs de la *parrêsia* sont déjà des valeurs centrales dans le monde de la philosophie et celui de l'éloquence politique, en Grèce à l'âge classique. [... Cela permet] de mieux apprécier les valeurs toniques de la *parrêsia* dans le Nouveau Testament, valeurs fondées sur la sincérité du témoignage[3] ».

Dans la littérature grecque, qu'elle soit classique ou biblique, trois formes du mot existent : la forme nominale, *parrêsia*, qui signifie « franc-parler » ; la forme verbale, *parrêsiazomai*, « user de *parrêsia* » et enfin le *parrêsiastês*, « celui qui use de *parrêsia* et qui dit la vérité ». Etymologiquement, *parrêsiazomai* signifie « tout dire », de *pan* « tout », et *rêma* « ce qui est dit ».

Le terme est issu originellement de la sphère politique grecque dans laquelle on distingue trois sens différents, qui vont plus ou moins se retrouver dans les développements et usages ultérieurs de la notion[4] : (1) le droit de tout dire, de faire connaître sa pensée, le droit d'exprimer ses opinions ; (2) l'ouverture à la vérité, la droiture et la franchise, le fait qu'une parole implique la vérité de ce qui est énoncé ; et (3) le courage d'affirmer, la hardiesse, l'assurance, la faculté d'affronter les obstacles dans l'affirmation.

La sémantique de la *parrêsia* apparaît à quarante reprises dans le Nouveau Testament, ce qui nous invite à nous intéresser à son sens et à être sensibles à ce que le concept véhicule. Mais avant d'explorer ces usages bibliques, puis d'en tirer des conséquences théologiques pratiques, il importe de découvrir le cœur et les contours de la notion originale dès avant que la Bible en fasse usage. Michel Foucault ayant exploré de manière approfondie le concept de *parrêsia* pendant les dernières années de sa vie, faisant de lui le spécialiste incontournable de la *parrêsia*, c'est en s'appuyant sur ses écrits que nous pouvons entrer dans le monde de la *parrêsia*.

La *parrêsia* selon Michel Foucault

Michel Foucault[5] a consacré au concept de *parrêsia* ses trois derniers cours au Collège de France : *L'herméneutique du sujet*, *Le gouvernement de soi et des autres* et *Le*

---

[3] Norbert Adeline, « Parrêsia, l'assurance », [en ligne], disponible sur www.biblique.fr.
[4] Heinrich Schlier, article « παρρησία, παρρησιάζομαι », in Gerhard Kittel (éd.), *Theological Dictionary of the New Testament*, vol. 5, Grand Rapids, Eerdmans, 1978, p. 871–886.
[5] Michel Foucault, né le 15 octobre 1926 à Poitiers et mort le 25 juin 1984 à Paris, est un philosophe français dont la réflexion s'attache aux rapports entre pouvoir et savoir. Il a été, de 1970 à 1984, titulaire, au Collège de France, d'une chaire à laquelle il avait donné comme titre : « Histoire des systèmes de pensée ». En 2009, il a été considéré par *The Times Higher Education Guide* comme l'auteur en sciences humaines le plus cité au monde.

courage de la vérité[6]. En 1982, il a donné une conférence à Grenoble sur le sujet[7], puis un cycle de six conférences à Berkeley en 1983, rassemblées sous le titre *Discours et vérité*[8]. Sans entrer dans une description approfondie de l'exploration de Michel Foucault, il est fort intéressant de faire ressortir quelques grandes lignes de la notion de *parrêsia* telles qu'il a pu les mettre en évidence.

Les caractéristiques de la parrêsia

Michel Foucault montre que le mot *parrêsia* apparaît dès le Ve siècle avant Jésus-Christ, chez Euripide. Puis ce terme va être utilisé avec des sens qui évoluent et s'enrichissent jusqu'au Ve siècle après Jésus-Christ. Il distingue cinq points essentiels dans la définition de la *parrêsia*.

La *parrêsia* comme opinion personnelle. La *parrêsia* souligne le lien qui existe entre « celui qui parle et ce qu'il dit ». En d'autres termes, ce qui est dit est affirmé comme la propre opinion de celui qui parle. « Le parrèsiaste utilise les mots, les formes d'expression les plus directes qu'il puisse trouver[9] ». Certes, celui qui fait usage de *parrêsia* n'est pas exempt d'effets de langage pour chercher à impressionner ou convaincre, mais cette dimension rhétorique est en arrière-plan quand elle n'est pas en opposition avec la *parrêsia*[10]. « Tandis que la rhétorique fournit à celui qui parle des procédés techniques pour agir sur l'esprit de l'auditoire, quelle que soit son opinion personnelle, dans la *parrêsia* celui qui parle agit sur l'esprit des autres en leur montrant aussi exactement que possible ce qu'il pense[11] ». La première caractéristique de la *parrêsia* est donc liée à la franchise, ce qui explique que le terme *parrêsia* soit assez couramment traduit par « franc-parler ».

La *parrêsia* comme vérité. La *parrêsia* est plus que la sincérité ou la franchise. Il ne s'agit pas de dire simplement tout ce qu'on a à l'esprit. Cela serait associé à

---

[6] Michel Foucault, *L'herméneutique du sujet*, *Cours au Collège de France 1981-1982*, Paris, EHESS/Seuil/Gallimard, 2001 ; *Le gouvernement de soi et des autres*, *Cours au Collège de France 1982-1983*, Paris, EHESS/Seuil/Gallimard, 2008 ; *Le courage de la vérité. Le gouvernement de soi et des autres II. Cours au Collège de France 1984*, Paris, EHESS/Seuil/Gallimard, 2009.
[7] Michel Foucault, « La parrêsia. Conférence prononcée par Michel Foucault à l'Université de Grenoble le 18 mai 1982 », in Michel Foucault, *Discours et vérité* précédé de *La parrêsia*, Paris, Vrin, 2016, p. 21-75.
[8] Michel Foucault, « Discours et vérité. Six conférences prononcées par Michel Foucault à l'Université de Californie à Berkeley en octobre et novembre 1983 », in Michel Foucault, *Discours et vérité* précédé de *La parrêsia*, Paris, Vrin, 2016, p. 77-309.
[9] Michel Foucault, *Discours et vérité*, p. 80.
[10] Il y a une forme d'opposition entre le « dire vrai » du parrèsiaste et le « dire bien » du rhétoricien. Cf. Michel Foucault, *Le courage de la vérité*, p. 3-32.
[11] Michel Foucault, *Discours et vérité*, p. 30.

du bavardage et correspondrait à un usage péjoratif de la *parrêsia*. Si cet usage peut advenir, ce n'est pas son sens essentiel. Au contraire, la *parrêsia* est fondamentalement positive, parce qu'elle est l'expression de la vérité. « Non seulement le parrèsiaste est sincère, non seulement il dit avec franchise quelle est son opinion, mais son opinion est également la vérité ; il dit ce qu'il sait être vrai. Dans la *parrêsia*, il y a une coïncidence, une exacte coïncidence entre croyance et vérité[12] ». Dans cette optique, il y a une différence entre la pensée grecque et la pensée cartésienne d'aujourd'hui où la vérité est le fruit d'une expérience mentale, une évidence démontrée. Avec la *parrêsia* grecque, le lien entre croyance et vérité dépend de l'activité verbale, et cette activité est la *parrêsia*. C'est pourquoi, même si elle est relative ou subjective, partielle ou partiale, on peut dire que la deuxième caractéristique de la *parrêsia* est sa correspondance avec la vérité[13].

La *parrêsia* comme courage. La *parrêsia* est aussi liée à un risque dans la prise de parole. D'une certaine manière, elle assume le fait qu'il y ait un danger à dire la vérité. Il ne s'agit donc pas seulement de dire ce que l'on croit vrai dans un contexte sécurisé, mais d'oser une parole qui peut potentiellement déranger, blesser, interpeller, et donc remettre en question une relation de confiance ou une certaine crédibilité. « Le parrèsiaste est quelqu'un qui prend un risque. Ce risque n'est bien sûr pas toujours un risque de vie ou de mort. Quand par exemple vous voyez un ami mal agir et que vous prenez le risque de le mettre en colère parce que vous lui dites qu'il a tort, vous êtes un parrèsiaste. [...] La parrêsia est liée au danger, elle est liée au courage. C'est le courage de dire la vérité en dépit du danger[14] ».

La *parrêsia* comme critique. La *parrêsia* implique une prise de parole qui génère une forme de remise en question de l'ordre établi ou de la pensée admise. « La parrêsia a toujours une fonction de critique, critique de soi-même, de celui qui parle lui-même, ou critique de l'interlocuteur ». Finalement, « le danger vient toujours de ce que la vérité que vous énoncez est susceptible de blesser ou de mettre en colère l'interlocuteur[15] ». Cette fonction critique de la *parrêsia* n'est pas principalement focalisée sur une intention de s'opposer ou encore moins de

---

[12] *Ibid.*, p. 81-82.
[13] Frédéric Gros, analysant la pensée de Foucault insiste : « La *parrêsia* pose comme principiel le partage du vrai et du faux, alors que la rhétorique se concentre sur la manière de dire plutôt que sur la vérité du dit. [...] Il s'agit d'énoncer une vérité qui constitue une conviction personnelle, alors que le problème du rhétoricien n'est pas de croire mais de faire croire (passage de la conviction à la persuasion) » (« La parrêsia chez Foucault (1982-1984) », in Frédéric Gros (éd.), *Foucault. Le courage de la vérité*, Paris, PUF, 2002, p. 157.
[14] Michel Foucault, *Discours et vérité*, p. 83.
[15] *Ibid.*

dénigrer, mais d'oser une affirmation qui ne se conforme pas et qui ne se contente pas de l'ordre établi ni de la pensée commune, au bénéfice d'une pensée autonome et critique dans un sens constructif même si cela peut passer par une étape de déconstruction.

La *parrêsia* comme devoir. Personne n'est à priori obligé de parler, mais le parrèsiaste ressent qu'il a le devoir de s'exprimer. Pour Michel Foucault, « la parrêsia est liée à la liberté et au devoir[16] ». Il ne s'agit pas d'un devoir parler liée à une instance extérieure, comme un criminel devant un juge ou un élève devant un professeur, mais le devoir parrèsiastique de s'exprimer est lié à une nécessité intérieure. C'est de l'ordre du « devoir moral ». Cela peut être pour prendre la défense de quelqu'un ou d'une idée ; dans le sens d'une responsabilité impérieuse de franchise et d'authenticité. « Critiquer un ami ou critiquer le prince est un acte de *parrêsia* dans la mesure où c'est un devoir d'aider un ami qui ne comprend pas qu'il agit mal, dans la mesure où c'est un devoir envers la cité d'aider le prince à devenir meilleur[17] ».

Au final, lorsqu'une personne fait usage de *parrêsia*, elle tend donc vers une prise de parole franche, authentique, audacieuse, interpellante et impérieuse. « Dans la *parrêsia*, celui qui parle fait usage de sa liberté et choisit la vérité au lieu du mensonge, la mort au lieu de la vie et de la sécurité, la critique au lieu de la flatterie, le devoir au lieu de l'intérêt et de l'égoïsme. Voilà donc la signification générale du mot *parrêsia*, au sens positif du terme, dans la plupart des textes grecs depuis le Ve siècle avant J.-C. jusqu'au Ve siècle après J.-C.[18] ». Michel Foucault ajoute : « La *parrêsia* est donc, en deux mots, le courage de la vérité chez celui qui parle et prend le risque de dire, en dépit de tout, toute la vérité qu'il pense, mais c'est aussi le courage de l'interlocuteur qui accepte de recevoir comme vraie la vérité blessante qu'il entend[19] ».

Ces cinq caractéristiques de la *parrêsia* permettent donc de circonscrire la notion dans sa richesse sémantique et conceptuelle. Cependant, ce regard synchronique ne doit pas faire oublier une perspective diachronique et la mise en évidence que la notion de *parrêsia* a évolué au cours du temps ou en fonction des contextes.

---

[16] *Ibid.*, p. 85.
[17] *Ibid.*
[18] *Ibid.* p. 86. Ceslas Spicq distingue, lui, dans son étude de l'usage de la *parrêsia* dans les textes grecs classiques, trois caractéristiques principales (qui se recoupent avec les cinq de Michel Foucault) : la liberté de parole, la franchise ou le franc-parler, et la hardiesse ou le courage ou l'assurance (cf. Ceslas Spicq, article « παρρησία », in *Lexique théologique du Nouveau Testament*, Paris, Cerf, 1991, p. 1188-1189).
[19] Michel Foucault, *Le courage de la vérité*, p. 14.

Une notion en évolution

Plusieurs évolutions de la notion de *parrêsia* peuvent être discernées, toujours selon Michel Foucault[20]. Il y a d'abord une évolution du lien entre *parrêsia* et rhétorique. S'il y avait opposition au départ, avec le temps et selon les contextes, il y a une forme de rapprochement, d'intégration de la *parrêsia* dans la sphère de la rhétorique. « La *parrêsia* devient une figure parmi les figures de rhétorique, mais avec cette particularité que c'est une figure dépourvue de figure, parce qu'elle est complètement naturelle[21]. »

Par ailleurs, dans la sphère politique (au sens noble du terme), la *parrêsia* est au départ clairement une caractéristique de la démocratie grecque et est mise en œuvre en vue de la bonne marche de la cité (*polis* en grec). La *parrêsia* y est encouragée dans les rapports que les citoyens entretiennent entre eux, donc entre individus de même niveau. Or, il y a ensuite un élargissement de la notion de *parrêsia*, notamment dans sa dimension hiérarchisée entre le conseiller et son prince ou son roi, entre le serviteur et son maître, entre une figure autoritaire et ses sujets.

Enfin, la *parrêsia* dans la philosophie était au départ liée au courage du philosophe dans son intention de stimuler ses auditeurs par sa pensée, quitte à fâcher. Mais de l'art de vivre qu'elle était, la *parrêsia* devient petit à petit une technique qui permet au philosophe de guider son disciple ou son ami. « La parrêsia est maintenant une technique de direction spirituelle. [...] Une technique de *psuchagôgê*, une technique psychagogique, c'est-à-dire une technique de conduite des âmes[22] ». Dans cette dynamique, alors que les philosophes cyniques vont pendant un temps pousser à l'extrême le concept de *parrêsia* en cherchant à partager des idées personnelles de manière provocatrice par des comportements scandaleux dans l'espace public, il ne faut pas réduire la *parrêsia* à cette approche parfois caricaturale[23]. C'est par exemple une toute

---

[20] Nous en évoquerons trois principales, mais Frédéric Gros, analysant l'œuvre de Foucault, en distingue quatre : « On peut repérer en tout quatre grands mouvements historiques de problématisation étudiés par Foucault : le moment politique, qui étudie le rôle de la *parrêsia* dans la démocratie grecque ; le moment socratique d'une *parrêsia* qualifiée d'« éthique » pour l'opposer à la précédente ; la *parrêsia* cynique ; le moment hellénistique enfin dans le cadre de la direction d'existence » (Frédéric Gros, *op. cit.*, p. 158).
[21] Michel Foucault, *Discours et vérité*, p. 98.
[22] *Ibid.*, p. 101.
[23] Il ne faut donc pas réduire la notion de *parrêsia* à l'approche des philosophes cyniques, puisque l'on peut relier les différents types de pratiques parrèsiastiques à diverses approches philosophiques : l'épicurisme en lien avec la vie en communauté ; l'école cynique avec la *parrêsia* comme manifestation publique ; et le stoïcisme en rapport avec l'aspect des relations personnelles

autre approche qui est présentée par Philomène de Gadara, auteur épicurien de la première moitié du Ier siècle avant Jésus-Christ, dans son écrit *Peri parrêsias*[24].

Les figures du diseur de vérité

Pour Foucault, la *parrêsia* est un élément essentiel de « l'histoire du souci de soi, du développement de ce que nous pouvons appeler la culture de soi », ou dès lors que l'on cherche à « esquisser la généalogie de ce que nous pourrions appeler l'attitude critique dans notre société[25] ». Mais dans cette réflexion, en plus de la recherche de la vérité en tant que telle, une question majeure consiste à savoir « qui est celui dont les paroles sont supposées être des paroles de vérité et acceptées comme telles ». Aux trois figures généralement admises, Foucault en distingue une quatrième[26], le parrèsiaste.

La première figure du diseur de vérité est le **prophète**. Il est celui qui « parle en tant que porte-parole d'une autorité supérieure, » d'un « être puissant, hors de vue ». Prônant l'ouverture à une autre réalité, le prophète parle en « médiateur ».

Le **sage** représente la deuxième figure traditionnelle de celui dont les paroles sont considérées comme vraies et dignes de confiance. Contrairement au prophète, il « parle en son propre nom ». Il dit des choses que lui seul connaît.

Troisième profil, le **professeur** transmet des « connaissances déjà connues, acceptées et reçues par la société ». Il les transmet aux générations suivantes ou à ceux qui ne les connaissent pas.

Mais à ces trois diseurs de vérité souvent mis en évidence et dont les rôles ont été largement analysés, la figure complémentaire du **parrèsiaste** ouvre des perspectives intéressantes. Le parrèsiaste est une quatrième figure qui peut être mise en lien avec les autres mais qui diffère de chacun. Il se distingue du prophète, car il parle en son propre nom, il exprime *son* opinion. Le parrèsiaste diffère du sage en ce qu'il ne peut garder le silence en attendant d'être interrogé mais il ressent le devoir de parler, de dire la vérité, de persuader les autres. Le parrèsiaste diffère du professeur car il ne se contente pas de transmettre un savoir mais il ose une forme de remise en question, une posture critique, voire

---

(cf. Fulvia Carnevale, « La *parrhèsia* : le courage de la révolte et de la vérité », in Pascal Michon *et al.* (éd.), *Foucault dans tous ses états*, Paris, L'Harmattan, 2005, p. 141-209).
[24] Voir à ce propos Michel Foucault, *Discours et vérité*, p. 102-103 ou encore la thèse doctorale d'Hélène Wiener, *Le Péri Parrhêsias de Philodème de Gadara et la parrhêsia dans les Actes des apôtres* (Université de Strasbourg, 2017).
[25] Michel Foucault, *Discours et vérité*, p. 102-103.
[26] *Ibid.*, p. 104-105.

conflictuelle ; le professeur est un « agent d'intégration », le parrèsiaste peut être facteur de « désintégration ».

Ceci étant, ces quatre figures sont parfois mélangées ou il existe en tous cas des combinaisons. Par exemple, pour Foucault, les prophètes bibliques associent les rôles prophétique et parrèsiastique ; comme les réformateurs d'ailleurs. Socrate ou Rousseau ont su combiner les rôles de la sagesse et de la *parrêsia*. Epictète, Kant, Michelet ou Renan ont été à la fois dans la dynamique du professeur et du parrèsiaste.

Au final, pour Foucault, si aujourd'hui il n'existe pas vraiment de mot pour la *parrêsia*, il y a une « forte concurrence pour assumer ce que l'on peut appeler le "rôle critique" », notamment entre les partis politiques, l'université, les médias, et les mouvements religieux, quatre « institutions qui prétendent, d'une certaine façon, faire leur propre travail et jouer également le jeu parrèsiastique[27] ». Foucault conclut :

> « L'attitude critique dans notre société, que ce soit au point de vue philosophique, politique ou religieux, est quelque chose qui dérive, qui provient de ce rôle parrèsiastique que la philosophie grecque a découvert, inventé. Et au point de rencontre de la généalogie de la subjectivité et de la généalogie de l'attitude critique, l'analyse de la *parrêsia* fait partie de ce que je pourrais appeler l'ontologie historique de nous-mêmes, puisqu'en tant qu'êtres humains nous sommes capables de dire la vérité et de nous transformer nous-mêmes, de transformer nos habitudes, notre *êthos*, notre société, de nous transformer nous-mêmes en disant la vérité[28]. »

Saisir la notion de *parrêsia* dans toute sa richesse ouvre en soi des perspectives intéressantes, permet donc aussi, en explorant la généalogie du concept, de poser un regard nouveau sur les évolutions de notre société, mais cela peut également contribuer à apporter un éclairage utile pour la compréhension des textes bibliques qui usent de cette sémantique.

La *parrêsia* dans la Bible

Le Nouveau Testament fait usage à quarante reprises du vocabulaire de la *parrêsia*[29]. Cela témoigne donc d'une présence significative, d'où l'intérêt de s'y

---

[27] *Ibid.*, p. 108.
[28] *Ibid.* p. 109.
[29] Le terme *parrêsia* (31 occurrences) et le verbe *parrêsiazomai* (9 occurrences, réf. en italique) apparaissent une fois dans l'évangile de Marc (Mc 8.32) ; neuf fois dans l'évangile de Jean (Jn 7.4 ; 7.13,26 ; 10.24 ; 11.14,54 ; 16.25,29 ; 18.20) ; douze fois dans le livre des Actes des apôtres (Ac 2.29 : 4.13,29,31 ; *9.27,28* ; *13.46* ; *14.3* ; *18.26* ; *19.8* ; *26.26* ; *28.31*) ; dix fois dans les épîtres pauliniennes : deux fois dans la deuxième épître aux Corinthiens (2Co 3.12 ; 7.4) ; trois fois dans l'épître aux Ephésiens (Ep 3.12 ; 6.19,20) ; une fois dans Philippiens (Ph 1.20) ; Colossiens (Col 2.15) ; la première

arrêter pour en discerner le sens, mais aussi la fécondité pour la vie du chrétien. Cependant, il est intéressant de remarquer la variété des traductions françaises et, d'une certaine manière, un certain manque de cohérence qui s'explique aisément du fait que la notion de *parrêsia* n'a pas d'exact équivalent dans le vocabulaire français, ni dans d'autres langues contemporaines. Cette diversité et cette absence de mot-clé dans les traductions françaises peuvent rendre assez transparent le concept qui y est associé, alors que manifestement, dans son usage hellénistique, il véhicule une notion fondamentale. Ainsi, explorer les usages bibliques de la sémantique de la *parrêsia*, de manière systématique et transversale, permet de mettre en évidence combien « être et dire vrai » est essentiel pour le croyant.

La parrêsia dans la Septante

Le terme *parrêsia* n'a pas d'équivalent hébreu et il est donc difficile d'éclairer son sens à partir du vocabulaire sémitique. Il est toutefois intéressant de repérer que dans la traduction grecque de l'Ancien Testament, la Septante (LXX), le nom *parrêsia* y est présent douze fois et sa forme verbale à cinq reprises. Trois exemples peuvent illustrer les pistes d'équivalence que cela met en évidence.

On y retrouve notamment la notion de liberté, de courage et d'autonomie dans Lévitique 26.13 : « C'est moi, le Seigneur, votre Dieu, qui vous ai fait sortir du pays des Egyptiens, afin que vous ne soyez plus leurs serviteurs ; c'est moi qui ai brisé les barres de votre joug et qui vous ai fait marcher **la tête haute**[30]. » Dans un registre différent, on retrouve le courage, mais aussi l'audace et la dimension publique de la prise de parole dans Proverbes 1.20 : « La Sagesse, au-dehors, va clamant, le long des avenues elle **donne de la voix**. » Enfin, la dimension de l'affirmation personnelle apparaît dans la bouche de la Sunamite du Cantique des cantiques : « Alors **j'existe** à ses yeux comme celle qui rencontre la paix » (Ct 8.10).

La parrêsia dans les évangiles

Dans les évangiles, la *parrêsia* est employée presque exclusivement à propos de Jésus. Le sens qui émerge de l'emploi du vocabulaire parrèsiastique apparaît grâce au contexte et concerne la clarté de son propos, le fait de ne rien cacher

---

aux Thessaloniciens (1Th 2.2) ; la première à Timothée (1Tm 3.13) et à Philémon (Phm 8) ; il y a quatre mentions dans l'épître aux Hébreux (He 3.6 ; 4.16 ; 10.19 ; 10.35) ; et quatre également dans la première lettre johannique (1Jn 2.28 ; 3.21 ; 4.17 ; 5.14).

[30] Ici, comme dans toutes les citations bibliques suivantes, le vocabulaire lié à la *parrêsia* est indiqué en gras.

mais d'oser afficher ouvertement les choses. La *parrêsia* est associée à la sémantique du langage (le plus souvent *laléō*, «*parler*»). Il est notamment question de «parler ouvertement».

Jésus annonce «**ouvertement**» sa mission aux disciples (Mc 8.32) ; ses frères l'invitent à «ne pas agir en cachette quand on veut **s'affirmer**» (Jn 7.4) ; des gens de Jérusalem s'étonnent que Jésus parle ainsi «**ouvertement**» sans que cela ne fasse réagir les dirigeants (Jn 7.26). Quant aux autorités juives, justement, elles demandent à Jésus qu'il dise **ouvertement** s'il est le Messie (Jn 10.24). Mais Jésus lui-même trouve parfois sage de ne pas s'afficher (Jn 11.54). Dans la même lignée, certains n'osent pas dire **ouvertement** ce qu'ils pensent de Jésus par crainte des autorités (Jn 7.13). Au final, l'ensemble du ministère de Jésus a été parrèsiastique même s'il apparaît une évolution dans son attitude, comme il l'explique lui-même : «Je vous ai dit tout cela de façon énigmatique, mais l'heure vient où je ne vous parlerai plus de cette manière, mais où je vous annoncerai **ouvertement** ce qui concerne le Père» (Jn 16.25). Lors de son procès il affirme au Grand Prêtre : «J'ai parlé **ouvertement** au monde, j'ai toujours enseigné dans les synagogues et dans le temple, là où tous les Juifs se rassemblent, et je n'ai rien dit en secret» (Jn 18.20).

Si Jésus est donc présenté dans les évangiles comme un parrèsiaste, on peut s'interroger si cela inclut les dimensions mises en évidence par Foucault. Si pendant un temps, Jésus a parlé en parabole, avec pour intention de garder une certaine discrétion, ce qui pourrait sembler diverger de la *parrêsia*, pourtant, c'est déjà une manière de dire les choses avec audace. A d'autres moments, en particulier vers la fin de son ministère, Jésus est moins énigmatique et ose le risque d'une parole franche, transparente, quitte à assumer les risques dus au mécontentement que cette parole peut induire chez certains. Si les textes qui font explicitement usage du vocabulaire de la *parrêsia* mettent l'accent sur le franc-parler de Jésus, l'ensemble de son ministère, tant ses paroles que ses actes, témoigne de manière très forte des valeurs clés liées à la notion de *parrêsia*. Dans les controverses avec les Pharisiens par exemple, il ose une opinion personnelle qui dérange, qui diverge de l'ordre établi, qui est une forme de critique des positions majoritairement admises. Dans nombre de ses actes, il fait preuve de courage, bravant l'adversité au point parfois de risquer sa vie. Dans ses discours et ses prédications, il ose recentrer les valeurs de la foi sur ses objectifs spirituels, critiquant le formalisme ambiant. Evidemment, l'acte le plus parrèsiastique de Jésus a lieu lors de sa passion, sa mort sur la croix étant la preuve de son courage inouï pour défendre les idéaux qu'il incarnait. A Gethsémané, il indique dans sa prière qu'il considère comme un devoir de mener sa mission à bien, quoi qu'il lui en coûte ; lors de son procès, il se présente résolument devant Pilate comme « la vérité ».

Pour Ceslas Spicq, l'emploi multiple du vocabulaire de la *parrêsia*, chez Jean notamment, a une intention théologique : « La révélation divine est claire et a le maximum de diffusion. Le Verbe fait chair annonce la Parole de Dieu avec une pleine assurance, pleinement maître de sa diffusion malgré l'opposition et les ruses de ses adversaires, donc hardiment, comme la lumière brille dans les ténèbres[31]. »

La parrêsia dans les Actes des apôtres

La *parrêsia* en tant que « franc-parler courageux et liberté de langage » devient dans les Actes des apôtres une « vertu apostolique[32] ». On trouve un accent sur l'indépendance et la franchise du prédicateur, donc la vérité de son message. C'est ce que Pierre affirme lui-même dans son discours à la Pentecôte : « Il m'est permis de vous dire avec **assurance** » (Ac 2.29). Cette assurance est plus tard reconnue par des tiers quand Pierre et Jean doivent s'expliquer devant le sanhédrin : « Ils constataient l'**assurance** de Pierre et de Jean et, se rendant compte qu'il s'agissait d'hommes sans instruction et de gens quelconques, ils en étaient étonnés. Ils reconnaissaient en eux des compagnons de Jésus » (Ac 4.13). Pour Pierre et Jean, cette *parrêsia* est possible, voire évidente, car ils parlent et agissent « par le nom de Jésus » (Ac 4.10).

Il en est de même pour l'apôtre Paul que Barnabas va contribuer à faire accepter parmi les disciples en témoignant qu'à Damas « il s'était exprimé avec **assurance** au nom de Jésus » (Ac 9.27) ; ce qui va lui permettre dorénavant d'aller librement « avec eux dans Jérusalem, s'exprimant avec **assurance** au nom du Seigneur » (Ac 9.28). Cette « **assurance** fondée sur le Seigneur » (Ac 14.3) contribue à la « **hardiesse** » de Paul et de ses compagnons dans de nombreuses circonstances ; que ce soit pour s'adresser aux Juifs, aux païens ou aux autorités civiles (Ac 13.46 ; 18.26 ; 19.8 ; 26.26). Jusqu'au bout, on retrouve chez Paul, comme chez l'ensemble des acteurs majeurs de l'Eglise primitive, cette audace de la parole « proclamant le Règne de Dieu et enseignant ce qui concerne le Seigneur Jésus-Christ, avec une entière **assurance** » (Ac 28.31).

Dans le livre des Actes, il est donc toujours fait usage de *parrêsia* en direction des humains, soulignant la notion de courage, malgré des menaces et de l'hostilité, mais aussi en insistant sur le fait que cette hardiesse, qui permet aux apôtres de

---

[31] Ceslas Spicq, *op. cit.*, p. 1192.
[32] *Ibid.*

prêcher ouvertement et avec éloquence, n'est pas simplement une habileté rhétorique, mais bien un « charisme » qui est le fruit de la puissance et l'autorité de Jésus[33]. Au final, le développement de l'Eglise s'explique notamment grâce à la *parrêsia* des apôtres.

La *parrêsia* chez Paul

Chez Paul, la *parrêsia* demeure une caractéristique du discours évangélique à l'attention des humains, mais concerne également la relation que le chrétien développe avec Dieu. On y retrouve les dimensions de liberté, d'assurance et de hardiesse. Pour l'apôtre, il y a d'ailleurs une insistance, car le mot *parrêsia* est systématiquement associé aux mots *pâs* « toute » ou *polýs* « pleine, beaucoup, grande ». La *parrêsia* est donc « toute liberté », « pleine assurance », « grande hardiesse »...

Dès sa lettre aux Thessaloniciens, probablement la première que l'apôtre ait écrite, Paul considère que c'est en Dieu qu'il puise la hardiesse de prêcher malgré les luttes et les difficultés : « Nous avons trouvé en notre Dieu l'**assurance** qu'il fallait pour vous prêcher son Evangile à travers bien des luttes ». Il déclare aux Corinthiens que « forts [de] l'espérance, [il est] plein d'**assurance** » (2Co 3.12) et cette *parrêsia* permet de faire « tomber le voile », le franc-parler (*parrêsia*) étant alors associé à la liberté (*eleutheria*). Aux Ephésiens, il demande même de prier afin que Dieu continue de lui donner cette « **hardiesse** » d'annoncer le « mystère de l'Evangile » (Ep 6.19,20). Cette *parrêsia* des apôtres en ce qu'elle concerne la parole publique s'élargit petit à petit aux diacres (1Tm 3.13).

La *parrêsia* pour Paul n'implique pas seulement de l'assurance mais bien aussi du courage ; et celui-ci « ne se limite pas à la prise de parole mais englobe tout le comportement de l'apôtre[34] » (2Co 7.4 ; Ph 1.20). Si le fondement de la *parrêsia* humaine se trouve en Christ, en Dieu, dans l'évangile, au nom de l'amour... c'est parce que Dieu lui-même fait preuve de *parrêsia* : « [Dieu] a dépouillé les autorités et les pouvoirs, il les a **publiquement** livrés en spectacle, il les a traînés dans le cortège triomphal de la croix » (Col 2.15). De ce fait, l'autorité divine dont se réclame Paul vient étayer une forme d'autorité de l'apôtre, qu'il exprime par exemple vis-à-vis de Philémon : « J'ai, en Christ, toute **liberté** de te prescrire ton devoir » (Phm 8).

---

[33] Albrecht Oepke, article « παρρησία » in Gerhard Kittel, Gerhard Friedrich (éd.), *Theological Dictionary of the New Testament*, vol. 6, Grand Rapids, Eerdmans, 1969, p. 882.
[34] Ceslas Spicq, *op. cit.*, p. 1193.

Finalement, la *parrêsia* pour Paul concerne donc aussi la relation à Dieu lorsqu'il affirme : « En Christ, nous avons, par la foi en lui, la **liberté** de nous approcher en toute confiance » (Ep 3.12).

La *parrêsia* dans l'épître aux Hébreux

Dans l'épître aux Hébreux, la *parrêsia* devient la vertu de tout chrétien, et non plus tournée vers les hommes mais vers Dieu, non dans « une attitude subjective », mais « comme l'appropriation de quelque chose qui est déjà là » et qui a un « caractère objectif » basé sur la conviction et « la promesse de la foi[35] ». Il s'agit de s'approcher du « trône de la grâce » avec « une **pleine assurance** » afin « d'obtenir miséricorde et de trouver grâce » (He 4.16). La formulation est assez similaire quelques chapitres plus loin quand l'auteur de l'épître affirme : « Nous avons **pleine assurance** d'accéder au sanctuaire par le sang de Jésus » (He 10.19). Liée à l'espérance (He 3.16), à une grande récompense (He 10.35), « la *parrêsia* se réfère à la liberté et à l'immédiateté de l'accès à Dieu comme un signe de salut eschatologique[36] ».

La *parrêsia* dans la première épître de Jean

En continuité avec l'usage de l'épître aux Hébreux, dans la première épître johannique, la *parrêsia* concerne exclusivement la relation à Dieu, et notamment dans une perspective eschatologique. Elle est l'expression de l'exhortation confiante d'être concerné positivement lors du jugement et du retour de Jésus ; il s'agit de demeurer en Christ, « afin que, lorsqu'il paraîtra, nous ayons **pleine assurance** et ne soyons pas remplis de honte, loin de lui, à son avènement » (1Jn 2.28). L'amour divin s'accomplit en nous procurant « une **pleine assurance** pour le jour du jugement » (1Jn 3.21), ce qui nous pousse dès aujourd'hui à nous adresser « à Dieu avec assurance » (1Jn 3.21). « L'*agapè* communique une audacieuse confiance du cœur dans les conjonctures les plus redoutables. [...] La charité exclut trouble et appréhension, elle rassure. La *parrhésie* johannique est donc toujours une hardiesse, faite de liberté et de confiance, qui permet de se présenter sans crainte devant un supérieur, aussi bien que devant les persécuteurs ou quelque interlocuteur qui peut contredire ou blâmer[37] ». Cette « confiance filiale » se retrouve dans la prière : « Et voici l'**assurance** que nous

---

[35] Albrecht Oepke, *op. cit.*, p. 884.
[36] Horst Balz, article « παρρησία » in Horst Balz, Gerhard Schneider (éd.), *Exegetical Dictionary of the New Testament*, vol. 3, Grand Rapids, Eerdmans, p. 47.
[37] Ceslas Spicq, *op. cit.*, p. 1195.

avons devant lui : si nous lui demandons quelque chose selon sa volonté, il nous écoute » (1Jn 5.14).

En conclusion de ce parcours biblique, il ressort que vingt-deux occurrences sur quarante font référence à la parole ou à l'action publique (ouverture, liberté, engagement et assurance dans la prédication de l'Evangile) alors que les autres usages du terme concernent les relations plus privées et notamment la relation à Dieu (confiance et hardiesse dans le Seigneur). Mais qu'elle soit tournée vers les humains ou vers Dieu, la *parrêsia* passe quasi-systématiquement par une prise de parole[38]. Ceux qui font preuve de *parrêsia* sont Jésus (sept mentions), Paul (dans Actes huit fois), d'autres prédicateurs et apôtres (cinq occurrences), les chrétiens en général (à dix reprises).

Si l'on garde en tête les cinq caractéristiques de la *parrêsia* telles que mises en évidence par Foucault (opinion personnelle, vérité, courage, critique, devoir), les plus évidentes semblent être le courage, le fait d'oser s'affirmer ; mais aussi la conviction personnelle qui devient ancrage d'une vérité affirmée. La dimension du « devoir-parler » est également loin d'être absente ; par contre, il semble qu'il soit difficile de pousser les textes concernés et d'avancer une dimension prioritaire à la critique. Mais si les traductions habituelles ne rendent pas forcément cet élément[39], comme d'ailleurs ceux du courage, de la liberté et du risque, l'intérêt de relire les textes qui utilisent le vocabulaire de la *parrêsia* est précisément d'envisager y intégrer l'ensemble de ces caractéristiques puisque tel était le sens du mot à l'époque du Nouveau Testament. Dès lors, il est non seulement possible, mais aussi utile, d'envisager tirer toutes les conséquences de la notion de *parrêsia* pour la vie des croyants.

La *parrêsia* dans une perspective de théologie pratique

Qu'elle soit témoignage, lorsque Jésus ou les apôtres ont fait preuve de *parrêsia* dans leur partage de l'Evangile ; qu'elle soit affirmation, lorsque les auteurs bibliques la présentent comme une réalité qui découle de la foi ; ou encore qu'elle soit exhortation comme par exemple lorsque l'auteur de l'épître aux Hébreux déclare : « Ne perdez pas votre *parrêsia* » (He 10.35) ; la Bible valorise et s'approprie à sa manière le concept hellénistique. Si la *parrêsia* est peu mise en exergue dans nos lectures habituelles des passages où le terme est présent,

---

[38] Les mots associés sont *laleo* (16 fois), *lego* (6 fois), ou *logos, elpis, euangelion, pistis, omologia*.
[39] Les traducteurs doivent, on le comprend bien, faire des choix. La TOB (version citée dans cet article) fait le choix de traduire les 40 occurrences de la sémantique de la *parrêsia* en privilégiant l'« assurance » (23 fois), le fait de parler « ouvertement » (9 fois), la « hardiesse » (3 fois), la « liberté » (2 fois), la parole « publique », l'« affirmation » et la « confiance » (1 fois).

notamment du fait que le mot n'a pas d'équivalent sémantique dans les langues contemporaines, la notion demeure d'importance pour les chrétiens en général, et pour les leaders ecclésiaux en particulier.

La parrêsia et la proclamation

Au niveau missiologique, la *parrêsia* interpelle la conception de la parole ou de l'attitude évangélisatrice. Dans notre société de postchrétienté, respectueuse des croyances propres à chacun et où les convictions religieuses sont souvent cantonnées à la sphère privée, il est peu évident d'oser témoigner, proclamer, annoncer l'Evangile. Pourtant, être un parrèsiaste chrétien consiste d'une certaine manière à prendre le risque d'une parole qui tranche, voire qui dérange. Il ne s'agit pas de concevoir l'évangélisation comme s'imposant au travers d'un prosélytisme inadéquat et irrespectueux d'autrui, loin de là, mais de faire une place à ce devoir intérieur propre à la *parrêsia*. Cet impératif intime de partage découle d'une conviction de foi profonde qui empêche de se taire, comme Paul l'a bien exprimé : « Si j'annonce l'Evangile, ce n'est pas pour moi un sujet de gloire, car la nécessité m'en est imposée, et malheur à moi si je n'annonce pas l'Evangile ! » (1Co 9.16).

Ce « devoir-parler » débouche sur une forme de courage si caractéristique de la *parrrêsia*. Il est vrai qu'il faut parfois affronter des situations avec l'appréhension que la foi soit moquée ou ridiculisée, même si souvent les peurs ne sont pas forcément fondées. Par contre, dans l'histoire de l'évangélisation, la proclamation du message évangélique est parfois passée au travers de biais : séminaires divers sur la santé, la cuisine, des conférences sur l'histoire, l'archéologie... Tout cela peut être très bien, mais vivre le courage de la *parrêsia* implique probablement d'être plus direct et donc d'assumer le courage d'une parole plus hardiment liée à la foi. Certes, cela peut passer par une parole grand public par exemple au travers de conférences bibliques, mais cette approche impersonnelle semble moins fructueuse que la qualité de la relation et de la rencontre personnelles. Comme le fait remarquer avec à-propos Laurent Schlumberger, aux deux modèles d'évangélisation dominants qu'il appelle le « modèle de l'estrade » et le « modèle de l'enfouissement », qui peuvent être critiqués, on peut préférer celui de « la rencontre[40] ». Il est vrai que le témoignage de cœur à cœur demande du courage mais il est essentiel, probablement le plus fécond et fondamentalement biblique[41]. Du reste, il

---

[40] Laurent Schlumberger, *Sur le seuil. Les protestants au défi du témoignage*, Paris, Olivétan, 2006, p. 72.
[41] Cf. Gabriel Monet, « L'évangélisation relationnelle », in *Vous serez mes témoins. Une invitation à participer à la mission de Dieu*, Dammarie-lès-Lys, Vie et Santé, 2013, p. 72-75.

implique d'être « opinion personnelle » pour chaque croyant, donc en résonnance positive avec la *parrêsia*.

Le devoir et le courage vont de pair avec l'importance d'assumer une vérité, certes subjective mais réelle. C'est finalement s'assumer comme « témoin ». Or, ce mot si présent dans le Nouveau Testament est lui aussi emprunté au monde grec (*martyría*) dans lequel il a surtout un usage juridique pour évoquer celui qui s'exprime pour confirmer un événement ou un état de choses. Dans ce contexte hellénistique, le « témoignage » est donc l'acte de partager une expérience, un fait, une conviction auprès de quelqu'un. Mais, contrairement à l'usage actuel du mot « témoin », il a aussi à l'époque un sens plus large avec une pointe complémentaire : il s'agit non seulement de relater des faits, mais aussi d'essayer de convaincre les auditeurs de la véracité, voire même de la compréhension et de l'interprétation qu'en fait le témoin. Lorsque les chrétiens sont appelés à témoigner de manière parrèsiastique, il s'agit donc de ne pas rougir de l'Evangile, mais bien d'oser affirmer la vérité de sa propre expérience de Dieu et de son amour, de partager un vécu authentique et de montrer le sens que la foi peut donner encore aujourd'hui à l'existence. Il y a alors conjonction entre l'opinion personnelle et la vérité affirmée.

Devoir, courage, vérité et opinion personnelle, mais la *parrêsia* induit aussi une certaine forme de critique dans la conception même de l'évangélisation. En effet, s'il importe de trouver les formes qui rendent l'Evangile audible, compréhensible et pertinent dans la culture réceptrice, proclamer la parole de Dieu revient toujours aussi à interpeller et mettre en exergue les valeurs de l'Evangile qui viennent potentiellement en dissonance avec les valeurs communément admises ou vécues. L'Evangile n'est pas désincarné, au contraire ; dans toute l'histoire biblique, les valeurs de l'Alliance ou du Royaume sont véhiculées au travers de femmes et d'hommes dont le comportement et le discours s'assument différents, interpellants, qui parfois tranchent avec la pensée communément admise. Il y a une véritable dimension prophétique, dans le sens d'une interpellation des personnes, des structures sociales et religieuses, pour sans cesse se recentrer sur le cœur de la foi.

La proclamation peut être parrèsiastique et prophétique quand elle est évangélisation mais aussi quand elle est édification ou exhortation. Au niveau homilétique, par exemple, prêcher avec *parrêsia* ne consiste pas à dire aux auditeurs ce qu'ils ont envie d'entendre, mais de faire résonner la Parole de Dieu, avec la miséricorde et la bienveillance divine dont elle est remplie, mais aussi avec la radicalité et l'exigence qu'elle propose. Les prophètes dans l'Ancien Testament comme les apôtres dans l'Eglise naissante, n'hésitaient pas à défier la pensée commune ou les pratiques qui divergeaient de la volonté divine. Parlant du prédicateur, Karl Barth affirme : « Son discours est libre, personnel. Ce n'est ni une lecture, ni une exégèse. Il dit la Parole qu'il a entendue dans le texte de l'Ecriture, telle qu'il l'a reçue pour lui-même. Sa mission, comme prédicateur, est semblable – en quelque sorte – à celle des apôtres. Lui aussi a – sur un autre plan – une fonction prophétique ». Et le professeur de Bâle d'ajouter :

> « Notre prédication n'est pas qualitativement différente de celle des prophètes et des apôtres qui l'ont "vu et touché", mais elle en diffère par le fait qu'elle se produit à un autre moment de l'histoire. Les prophètes et les apôtres se situent, eux, au moment de la révélation historique dont le document est l'Ecriture. Nous, nous rendons témoignage à la Révélation. Mais si Dieu parle en se servant de notre parole, alors, en fait, s'accomplit cet événement : des prophètes et des apôtres sont là, même si c'est un simple pasteur qui parle[42] ».

Cette dimension prophétique de la prédication est très parrèsiastique dans le sens où elle inclut une forme de critique, de vérité pour le temps présent. A propos de ceux qui lisent et transmettent la Parole de Dieu, Alphonse Maillot affirme qu'il importe de ne « pas oublier qu'en priorité c'est une histoire qu'ils ont à transmettre : *l'histoire du salut*, et une "histoire prophétique", c'est-à-dire une histoire qui nous parle de notre vie présente. Car "prophétiser" ne signifie nullement "prédire l'avenir" mais dire la parole nécessaire maintenant[43] ».

Certes, on peut dès lors s'interroger si une prédication, comme d'ailleurs une prise de parole dans une dynamique d'évangélisation, a vocation à plaire, ou à se contenter de critiquer. La distinction n'est pas forcément contradictoire et la conjugaison entre les deux est subtile. En effet, il s'agit à la fois de plaire pour être entendu, mais aussi de critiquer pour susciter une conversion, un changement, une repentance... Augustin évoque dans son homilétique[44] trois caractéristiques de la prédication en reprenant la rhétorique de Cicéron : enseigner (*docere*) ; plaire (*delectare*) ; émouvoir (*flectere*). En s'appuyant sur les caractéristiques d'Augustin, Bonhoeffer actualise le tryptique et distingue les éléments du discours, de l'œuvre d'art et de l'appel, c'est-à-dire sous une forme plus moderne : la prédication comme *enseignement*, comme *édification*, et comme *appel à la conversion*. Bonhoeffer développe :

> « Augustin ne favorise pas l'excitation des émotions ou une fausse édification, mais un lien rigoureux à la chose : la vérité est le sujet des effets qu'elle entraîne, *ut veritas pateat, placeat, moveat* (pour que la vérité soit manifestée, qu'elle plaise et qu'elle émeuve). Toute prédication contient quelque chose de ces trois

---

[42] Karl Barth, *La proclamation de l'Evangile*, Neuchâtel, Delachaux et Niestlé, 1961, p. 17.
[43] Alphonse Maillot, « L'oreille et la liberté », *Conscience et liberté* 18 (1979/2), p. 8.
[44] Augustin, *De doctrina christiana*, IV, 12-27.

éléments, tantôt l'un plus que l'autre : enseignement doctrinal, édification et appel à la conversion[45] ».

Au final, c'est la parole qui a vocation à plaire (et non le prédicateur), précisément parce qu'elle est vérité. Et même dérangeante, critiquante, la prédication est tellement vraie et pertinente qu'elle entraîne avec elle l'adhésion des auditeurs.

« Ne pas perdre sa *parrêsia* » en lien avec la proclamation implique, comme l'ont fait Jésus et les apôtres, de parler ouvertement, sans fards mais sans rien cacher, authentiquement et hardiment, en assumant le risque d'une parole qui interpelle et qui déplace ; une parole parrèsiastique qui ouvre de nouveaux horizons.

La parrêsia et la direction d'Eglise

« Etre et dire vrai » peut évidemment avoir des développements aux niveaux ecclésial ou pastoral. Cela passe sans doute par développer une véritable culture du débat, trouver des espaces pour la critique constructive, ou encore envisager la direction d'Eglise dans une dynamique collective tangible et une collégialité authentique, afin que les choses se fassent dans la liberté, l'ouverture, le courage et la confiance.

Dans l'Eglise primitive, si les leaders sont décrits comme étant parrèsiastiques, c'est surtout pour leurs prises de parole audacieuse dans la diffusion de l'Evangile. Mais cette hardiesse et « leur assurance fondée sur le Seigneur » a sans nul doute contribué aussi à la bonne marche organisationnelle de l'Eglise.

Il est bien entendu difficile de faire des rapprochements trop directs entre l'Eglise naissante du premier siècle et l'Eglise d'aujourd'hui, car les effectifs sont très différents, la culture et le contexte ne sont évidemment plus du tout les mêmes et l'on ne peut nier l'impact de deux mille ans d'histoire sur l'Eglise. Du reste, on ne trouve pas dans le Nouveau Testament une fonction pastorale qui corresponde au modèle de leadership d'aujourd'hui, la direction globale de l'Eglise s'appuyant initialement sur les apôtres dont le charisme était notamment fondé sur leur vécu aux côtés de Jésus, mais aussi sur une diversité de ministères ou de fonctions qui témoignent d'une belle collégialité et d'une variété d'approches de direction. Toujours est-il que, hier comme aujourd'hui, diriger avec *parrêsia* implique franc-parler, transparence, audace, assurance...

---

[45] Dietrich Bonhoeffer, *La parole de la prédication. Cours d'homilétique à Finkenwalde*, Genève, Labor et Fides, 2003, p. 69-70.

Les différents modèles d'organisation ecclésiale qui ont émergé avec le temps possèdent chacun leurs avantages et leurs inconvénients. A grands traits, on peut distinguer trois conceptions principales : le modèle congrégationaliste où l'organisation est cantonnée à l'Eglise locale et le pouvoir est essentiellement à la base (ce sont les membres de l'Eglise locale qui décident ; c'est le cas de bon nombre d'Eglises évangéliques aujourd'hui) ; le modèle hiérarchique selon lequel le pouvoir suit un ligne qui va du haut vers le bas (l'autorité ultime dépend de la tête ; c'est le cas de l'Eglise catholique) ; et le modèle presbytéro-synodal, qui cherche un équilibre entre la tête (presbytre = ancien, celui qui dirige) et l'assemblée (synode = l'assemblée ou ses représentants) dans une gouvernance partagée (c'est le cas des Eglises protestantes historiques et de l'Eglise adventiste). C'est probablement dans le modèle hiérarchique qu'il est le plus difficile d'être parrèsiastique, dans le sens où comme les directives d'en haut s'imposent, il y a peu d'espace pour que les leaders de différents échelons ou plus encore les membres d'Eglise puissent faire valoir leurs points de vue. Le modèle congrégationaliste est certainement l'approche qui théoriquement permet le plus facilement à chacun de dire ce qu'il pense ouvertement, d'être force de proposition. Ceci étant, dans la réalité, comme l'organisation est cantonnée à la communauté locale, cela génère souvent des leaderships relativement forts de la part de pasteurs choisis et reconnus par la congrégation qui ensuite ne laissent pas toujours beaucoup d'espace. Dans le modèle presbytéro-synodal ou fédératif, on pourrait penser qu'il y a un équilibre des pouvoirs, ce qui est théoriquement le cas, mais cela demeure un équilibre fragile à trouver et, bien entendu, la réalité du système et surtout des mentalités très humaines font que le jeu des influences peut, comme d'ailleurs dans les autres modèles, y être présent. Il est courant que les décisions se prennent en commissions diverses et variées et en fonction d'hégémonies ou d'influences pas toujours très transparentes. Finalement, quel que soit le système d'organisation, l'invitation à la *parrêsia* demeure et elle passe forcément par le fait de trouver des espaces de libre parole pour tous, que ce soit au niveau de l'Eglise locale ou à des échelons supérieurs ; cela passe également par une attitude non politicienne, empreinte de franchise, où ceux qui peuvent ou veulent influencer le font en toute transparence. Cela demande du courage et une certaine assurance, qui doit malgré tout se conjuguer à une humilité qui correspond à l'esprit du « ministère », qui inclut par définition la notion de service.

Au niveau pastoral, vivre la *parrêsia* implique une franchise qui peut aller de pair avec une certaine vulnérabilité. Loin de la figure de modèle idéal qu'on a trop souvent voulu faire porter aux pasteurs, être vrai à soi-même et aux autres, être libre et confiant, ou encore avoir le courage de la transparence, implique de se montrer sous son vrai jour, sans fausse humilité et donc en assumant ses qualités, ses idées, ses potentialités ; mais sans non plus tomber dans le jeu de l'illusion de la perfection.

« Etre et dire vrai », comme l'induit la *parrêsia*, implique dans l'accompagnement pastoral une écoute sincère et une tolérance qui autorise la libre confession, mais aussi, sans évidemment faire de compromis sur une écoute authentique et en évitant une quelconque direction de conscience, de développer une forme de discernement. Henri Nouwen considère que dans nos sociétés, de plus en plus de personnes souffrent d'un handicap spirituel et ne savent pas vers qui se tourner pour trouver un remède. Or, « c'est ici que le besoin du leadership chrétien apparaît. Le leader du futur est celui ou celle qui osera proclamer sa non-pertinence dans le monde contemporain comme une vocation divine en se montrant solidaire des victimes de l'angoisse cachée derrière l'éclat du succès afin d'y apporter la lumière de Jésus[46] ». Et Nouwen d'ajouter que ce que Dieu nous invite à vivre, « ce n'est pas un leadership de pouvoir et de contrôle, mais un leadership d'impuissance et d'humilité par lequel Jésus-Christ se manifeste[47] ».

Entre assurance et humilité, la *parrêsia* est une invitation au courage, mais pas n'importe quel courage. Paul Tillich a bien montré l'importance d'avoir à la fois le courage d'être soi, et le courage d'être participant[48]. Le courage d'être soi-même, c'est le courage d'oser affirmer sa sensibilité, sa personnalité, ses convictions ; tout ce qui fera que nous pouvons être nous-mêmes dans le ministère. Le courage d'être participant, c'est accepter de s'ouvrir à la différence, de laisser la place au débat et de s'y impliquer comme un participant parmi les autres. Pour un pasteur, il s'agira dès lors de conjuguer ce double courage : celui d'être fidèle à sa conscience, à ses convictions, mais en même temps le courage d'écouter vraiment et de collaborer authentiquement avec autrui en respectant les différences, en cherchant toujours le bien commun.

La parrêsia et la spiritualité

Dans la Bible, la *parrêsia* concerne le rapport aux humains au travers notamment de prises de paroles confiantes et hardies, mais également le rapport à Dieu, ouvrant dès lors la *parrêsia* au monde de la spiritualité. La *parrêsia* invite à une relation vraie, franche et authentique avec Dieu. Loin d'une vision de soumission à un Dieu dominateur, loin de la conception d'un Dieu « père fouettard », il s'agit de développer une orientation spirituelle qui conjugue authenticité,

---

[46] Henri Nouwen, *Au nom de Jésus. Réflexions sur le leadership chrétien*, Ottawa, Novalis, 2005, p. 31-32.
[47] *Ibid.*, p. 68.
[48] Paul Tillich, *Le courage d'être*, Tournai, Casterman, 1967.

vulnérabilité et confiance envers un Dieu bienveillant ; un Dieu qui de son côté allie harmonieusement justice et miséricorde. Un rapport parrèsiastique vis-à-vis de Dieu n'est motivé ni par la peur ni par la crainte d'un jugement condamnateur mais est au contraire soutenu par l'abondance de la grâce. La spiritualité constitue une expérience constructive où le priant trouve la pleine liberté de se présenter tel qu'il est véritablement devant Dieu avec ses joies et ses peines, ses enthousiasmes et ses limites, ses succès et ses échecs.

Cette vision de la spiritualité est d'ailleurs en phase avec les attentes actuelles puisqu'une tendance majeure se discerne dans la culture contemporaine : « le passage d'une vie en terme de rôles sociaux et d'appartenance à des ordres établis à une vie qui se perçoit en terme d'expérience personnelle, aussi bien sur le plan individuel que dans le registre de la relation[49] ». Or la spiritualité est intimement liée à la fécondation des relations. David Hay définit la vie spirituelle comme une « conscience relationnelle[50] ». Selon Michael Joseph, la spiritualité est fondée sur quatre ensembles de connexions : la relation avec notre moi authentique, la relation avec les autres, la connexion avec la nature et la connexion avec le divin[51]. Dans une approche holistique, la *parrêsia* qui offre et encourage la possibilité d'« avancer avec pleine assurance vers le trône de la grâce » ou de nous « adresser à Dieu avec une pleine assurance » contribue à une vie spirituelle épanouie qui touche constructivement tous les domaines de la vie et l'ensemble des relations.

Conclusion

Dans notre monde qui change, notamment grâce à l'essor du numérique dans toutes ses déclinaisons, il devient facile de tout savoir sur tout et sur tout le monde. Du reste, beaucoup sont ceux qui s'« exposent » sur les réseaux sociaux. Nous pourrions dès lors avoir l'impression que la vérité et l'authenticité s'étalent au grand jour. Pourtant, rien n'est moins sûr. Car la vérité peut diverger de ce que l'on donne à voir de la réalité et demande une certaine forme de courage. D'ailleurs, « qu'est-ce que la vérité ? » pour reprendre la célèbre formule de Pilate, alors que Jésus venait d'affirmer qu'il était venu « rendre témoignage à la vérité » (Jn 18.37-38).

---

[49] Jean Hassenforder, « Spiritualité et religion. Des représentations en mouvement et en tension », [en ligne], disponible sur www.temoins.com. Il s'appuie dans cette synthèse sur des articles de Christopher Partridge « Alternative spiritualities, occulture and the re-enchantment of the West » et de John Drane, « New spirituality and christian mission » (*The Bible in TransMission*, summer 2005).
[50] David Hay, *Something there. The biology of the human spirit*, London, Darton, Longman & Todd, 2006.
[51] Michael Joseph, « Spirituality in the workplace. What are we talking about ? », *Faith in business quarterly* 4 (2000/3).

Dans la Bible la *parrêsia* décrit l'attitude de Jésus qui dit ouvertement ce qui va arriver. Ce franc-parler courageux associé à une liberté de langage se retrouve logiquement dans la conduite des apôtres qui à la suite du Christ font preuve de l'audace du témoignage. En effet, la *parrêsia* est indéniablement pour quelque chose dans le développement de l'Eglise. Dans l'épître aux Hébreux ou dans les épîtres de Jean, la *parrêsia* devient également l'authenticité devant Dieu lui-même, dans une attitude spirituelle pleine de confiance. Ceci étant, et à la différence des philosophes cyniques, ardents défenseurs d'une *parrêsia* virulente et probablement volontairement dérangeante, la Bible met aussi en garde contre les effets négatifs d'une langue trop acérée. L'authenticité et l'audace du franc-parler ne vont pas forcément de pair avec la violence verbale et l'absence de respect d'autrui, au contraire. L'apôtre Jacques a montré que « si quelqu'un ne trébuche pas lorsqu'il parle, il est un homme parfait, capable de tenir en bride son corps entier », et il ajoute : « La langue est un petit membre et se vante de grands effets. Voyez comme il faut peu de feu pour faire flamber une vaste forêt » (Jc 4.3-5). Ainsi, le parrèsiaste d'hier comme d'aujourd'hui pourrait plutôt s'inspirer d'un Socrate, défenseur lui aussi de la *parrêsia*, mais de manière équilibrée... On raconte qu'un jour, quelqu'un est venu le voir et lui a dit : « Ecoute Socrate, il faut que je te raconte comment ton ami s'est conduit. Arrête ! interrompit l'homme sage. As-tu passé ce que tu as à me dire à travers les trois tamis ? Trois tamis ? dit l'autre, rempli d'étonnement. Oui, mon bon ami, trois tamis. Examinons si ce que tu as à me dire peut passer par les trois tamis. Le premier est celui de la vérité. As-tu contrôlé si ce que tu as à me dire est vrai ? Non, je l'ai entendu raconter, et... Bien, bien. Mais assurément, tu l'as fait passer à travers le deuxième tamis. C'est celui de la bonté. Ce que tu veux me dire, si ce n'est pas tout à fait vrai, est-ce au moins quelque chose de bon ? Hésitant, l'autre répondit : Non, ce n'est pas quelque chose de bon, au contraire... Hum, dit le Sage, essayons de nous servir du troisième tamis et voyons s'il est utile de me raconter ce que tu as à me dire... Utile ? Pas précisément. Eh bien, dit Socrate en souriant, si ce que tu as à me dire n'est ni vrai, ni bon, ni utile, je préfère ne pas le savoir, et quant à toi, je te conseille de l'oublier... »

S'il est donc sage de s'abstenir de parler pour ne rien dire (de vrai, de bon et d'utile), il est urgent et important d'oser proclamer les convictions qui habitent nos cœurs. Etre témoins du Christ aujourd'hui implique probablement de faire preuve de *parrêsia*. Elle met en marche et c'est précisément la vocation de l'Eglise d'être ce mouvement d'hommes et de femmes qui ont l'audace de vivre et de partager ce qui fait sens dans leur vie, un sens dont le cap est donné par celui qui a osé dépasser les traditions religieuses au bénéfice de la spiritualité du Royaume !

L'ascèse, l'hésychia et le sabbat spirituel. Une introduction à la spiritualité des Pères orientaux des premiers siècles

Emilie Escure-Delpeuch[1]

Au cœur d'une époque où beaucoup de chrétiens cherchent à harmoniser leur vie tant au niveau spirituel qu'au niveau relationnel ou encore professionnel, et sont en quête d'un équilibre de vie, y compris au niveau corporel, qui soit favorable à leur équilibre et à leur épanouissement spirituels, il n'est pas sans intérêt de se mettre à l'écoute des Pères orientaux des premiers siècles que malheureusement la tradition occidentale connaît mal. Ils ont su précisément mettre au service de l'épanouissement de la grâce du Christ dans l'homme, des conseils spirituels que la théologie occidentale a fini par oublier, se basant sur une autre anthropologie, bien plus pessimiste. Augustin en a été une influence majeure. Cet article propose donc de retrouver des liens avec cette spiritualité d'une grande profondeur et d'une grande pertinence pour notre vie actuelle.

Mais avant de plonger plus avant dans ces textes des Pères orientaux, il nous faut comprendre ce qui est entendu, dans ce travail, de la discipline théologique nommée « patristique ».

Qu'est-ce que la patristique ?

Voici ce que Luther déclare :

> « Moi aussi, j'ai lu les Pères, avant de m'opposer durement au pape, je les ai lus avec plus d'assiduité que ceux qui, maintenant, les utilisent pour s'élever contre moi avec orgueil et vanité car je sais qu'aucun d'entre eux n'a jamais essayé de lire dans les écoles un livre de l'Ecriture en y adjoignant les commentaires des Pères. Laisse-les prendre un livre de l'Ecriture et rechercher le commentaire des Pères ! Ils feront alors la même expérience que moi lorsque

---

[1] Emilie Escure-Delpeuch, doctorante en théologie, est actuellement chargée de cours à l'Institut protestant de théologie de Paris. Cet article est le texte de la conférence qu'elle a donnée à la Faculté adventiste de théologie le 30 avril 2019.

j'ai abordé l'épître aux Hébreux avec les commentaires de Jean Chrysostome ; la Genèse avec l'aide de Jérôme et de Augustin, le psautier avec tous les écrits qu'on peut trouver[2]. »

Marc Lods, professeur d'histoire ancienne et de patristique à l'Institut Protestant de Théologie de Paris à partir de 1945, avait bien compris l'influence décisive des Pères sur les Réformateurs : « On peut dire que l'on s'expose à ne rien saisir du tout de la pensée des initiateurs de la Réforme, si on ne la replace pas dans la lancée de la tradition des Pères[3] ».

Ces deux citations montrent combien le protestantisme aurait tout intérêt à redécouvrir aujourd'hui la patristique, malheureusement souvent mise de côté dans l'enseignement théologique depuis le XIXe siècle ; redécouvrir ces témoins d'une Eglise proche des origines, ces lecteurs assidus de la Bible au travers de leurs commentaires bibliques magnifiques et enfin, ces guides pour la vie spirituelle, en particulier pour la vie de prière. Marc Lienhard l'écrit au sujet de Luther : « En fait, Luther n'a pas seulement retenu l'enseignement des Pères, il a évoqué également la vie et le côté exemplaire des Pères, leur manière d'exercer leur ministère et le témoignage de foi qu'ils ont laissé[4] ».

Il faut néanmoins selon moi, faire une distinction fondamentale entre « étude scientifique de textes de théologiens de l'Antiquité » et « théologie patristique ». Une citation de Nicolas Lossky, un orthodoxe, illustre cette distinction :
> « La théologie patristique est à distinguer de la connaissance des Pères de l'Eglise. En effet, n'importe qui peut connaître les écrits des Pères, et ce de façon très savante et approfondie du point de vue de l'érudition. Cela peut être une activité de bibliothèque et de cabinet de travail qui n'implique même pas nécessairement la foi chrétienne. Avoir une conception patristique de la théologie, c'est tout autre chose. C'est concevoir la réception, au sens fort, ecclésial du terme, de la Révélation dans sa plénitude pentecostale pour aujourd'hui, à la manière des Pères de l'Eglise. Les Pères, dans cette optique, ont tenté d'exprimer pour leur temps l'expérience ecclésiale de Dieu[5]. »

L'étude académique savante des Pères de l'Eglise est donc à distinguer de la théologie patristique, les deux ne s'excluant pas du tout et pouvant même être parfaitement complémentaires, voire *nécessaires*. Mais les Pères eux-mêmes mettaient en avant les exigences de la vocation du théologien : il doit parler

---

[2] Martin Luther, *Martin Luthers Werke*, Vol. 9, Weimar, Weimarer Ausgabe, 1883-1929, 494/17.
[3] Marc Lods, « La patristique comme discipline de la théologie protestante », *Le Point Théologique 5*, Paris, Beauchesne, 1973, p. 41.
[4] Marc Lienhard, *Luther. Ses sources, sa pensée, sa trace dans l'histoire*, Genève, Labor et Fides, 2017, p. 107.
[5] Nicolas Lossky, « Théologie et spiritualité chez Vladimir Lossky », *Messager de l'Église orthodoxe russe*, N°8, 2008, p. 8. Conférence prononcée par Nicolas Lossky au monastère de Bose (Italie) dans le cadre du VIe colloque international de spiritualité orientale en 1998. Elle a été publiée en italien dans *L'autunno della Santa Russia*, Bose, Qiqajon, 1999.

d'*expérience*, il doit lui-même être entré dans une dynamique de libération intérieure qui implique une pratique de la prière et de l'ascèse. Un texte de Macaire (IVᵉ siècle) l'illustre parfaitement :
> « Ceux qui parlent de choses spirituelles sans y avoir goûté ressemblent à un homme qui chemine en pleine chaleur dans le désert, et qui, brûlé par la soif, dessine une source d'où jaillit l'eau et se représente lui-même en train de boire tandis que la soif dessèche ses lèvres et sa langue. Ils sont encore semblables à quelqu'un qui parlerait du miel et dirait qu'il est doux sans y avoir jamais goûté, sans donc connaître la réalité de sa douceur[6]. »

Enfin, pour cette très brève présentation de la discipline « patristique », une citation de Georges Florovsky[7], un autre théologien orthodoxe, analyse la théologie patristique d'une manière tout à fait pertinente :
> « Le trait principal de la théologie patristique était son caractère "existentiel" [...]. Les Pères faisaient de la théologie, comme le dit Grégoire de Nazianze "à la manière de pêcheurs d'hommes, et non à la manière d'Aristote" (*Discours* 23/12). [...] Séparée de la vie du Christ, la théologie ne porte pas de convictions et, si elle est sans lien avec la vie de la foi, elle peut dégénérer en dialectique creuse, une logorrhée vaine, sans aucune conséquence spirituelle. La théologie patristique était existentiellement enracinée dans l'engagement décisif de la foi. La référence ultime restait la vision de la foi, la connaissance et l'expérience spirituelles [...]. La théologie patristique ne devait pas seulement être "prêchée" ou "proclamée" depuis la chaire, elle devait aussi être proclamée dans les mots de la prière et, en vérité, manifestée dans toute l'architecture de la vie chrétienne. Cette théologie-là ne pouvait en aucun cas être séparée de la vie de prière et de la pratique de la vertu. "Le sommet de la pureté est le commencement de la théologie[8]", selon les mots de Jean Climaque (*Echelle du Paradis*, 30). [...] "Suivre les Pères" ne signifie pas simplement les "citer". "Suivre" les Pères signifie acquérir leur "esprit", leur *phronèma*. L'Age des Pères continue dans l'Eglise adorante. Ne devrait-il pas continuer également dans nos études, dans nos recherches et notre formation théologiques ? Ne devrions-nous pas retrouver l'esprit des Pères aussi dans notre pensée et notre enseignement théologiques ? Le retrouver, non pas comme un style ou une attitude archaïques, non pas comme une relique vénérable, mais comme une attitude existentielle, comme une orientation spirituelle ? En tant qu'adorateurs, nous sommes encore dans la tradition des Pères[9]. »

---

[6] Macaire, *Les Homélies spirituelles de Saint Macaire*, 17/2, Bégrolles-en-Mauges, Abbaye de Bellefontaine, SO 40, 1984, p. 215.
[7] Professeur à l'Institut Orthodoxe Saint Serge puis à l'institut Saint-Vladimir de New York puis aux universités Harvard et Princeton.
[8] Pour une traduction plus littérale de ce passage de Jean Climaque : « L'augmentation de la crainte est le commencement de l'amour et l'accomplissement de la pureté, le fondement de la théologie » (PG 88 1157C), in Jean Climaque, *L'échelle sainte*, Bégrolles-en-Mauges, Abbaye de Bellefontaine, SO 24, 1977, p. 337.
[9] Georges Florovsky, « La tradition des Pères et l'ethos de l'Église orthodoxe », *Revue des sciences religieuses*, 89/4, 2015, p. 446.

Le format d'un article ne permet pas de creuser toute la théologie des Pères orientaux, leur anthropologie, leur ecclésiologie, les différences avec la théologie occidentale... Deux points seront le fil conducteur de cette introduction à la spiritualité des Pères orientaux : l'ascèse et l'hésychia selon les Pères.

Une spiritualité de la personne : l'ascèse

Le mot « ascèse » vient du grec *áskēsis*[10] qui signifie exercice (faire des gammes pour un musicien par exemple), ou entraînement. Il fait partie notamment du vocabulaire du sport dans la Grèce antique. « Il désigne l'exigeant mode de vie adopté par les athlètes dans l'exercice de leur sport : prescriptions alimentaires, règles de sommeil...[11] ». Le mot n'est pas attesté dans la Bible, mais sa réalité n'en est pas moins présente dans les Ecritures. Le verbe *askéō* qui signifie « travailler des matériaux bruts », « s'exercer », « s'assouplir par l'exercice », est quant à lui attesté en Ac 24.16, passage dans lequel Paul s'exprime ainsi : « Moi aussi je m'*exerce* à avoir toujours une conscience sans reproche devant Dieu et devant les hommes ». Parlant de sa conscience, Paul fait donc de cette « ascèse », de cet entraînement, une pratique intérieure. Les Pères orientaux vont aussi développer cet aspect-là.

Le processus de la tentation et le combat spirituel

Pour les Pères orientaux des premiers siècles, l'ascèse est un mode de vie, une « pratique sportive spirituelle », impliquant des renoncements et des restrictions, et qui a pour but de libérer l'homme des *passions* qui empêchent l'identité profonde de s'épanouir. Elle n'est pas réservée aux moines dans les monastères mais elle est, selon eux, le fondement de toute vie chrétienne. Libérer les passions donc, mais que signifie ce terme de *passions* pour les Pères ?

Revenons rapidement sur les grands principes de l'anthropologie des Pères orientaux : pour eux, l'homme a été créé par Dieu fondamentalement bon[12] (contrairement à l'anthropologie d'Augustin qui aura tant d'influence sur la théologie occidentale). Pour eux, le mal n'a pas de consistance en lui-même, pas de réalité ontologique : il n'a d'existence que dans celle que l'homme veut bien lui accorder, en consentant à lui, au travers de la pensée. C'est ce qu'ils nomment « les pensées mauvaises », les *logïsmoi*. Le mal n'est donc pas une nature (*phýsis*), mais un état (*éxis*) pour les Pères. Dans la tradition orientale, seul le bien *est*.

---

[10] Du verbe *askéō* : travailler avec art, pratiquer avec soin, s'exercer, s'entraîner à.
[11] Daniel Bourguet, *Un chemin de liberté, l'ascèse*, Lyon, Olivetan, 2004, p. 7.
[12] Gn 1.31.

« La nature (*phýsis*) du bien est plus forte que l'habitude (*éxis*) du mal, dit Diadoque de Photicé (Ve s.), car le bien *est*, tandis que le mal n'est pas ou plutôt il n'existe qu'au moment où il est exercé[13]. »

Le péché est une maladie de la volonté chez Grégoire de Nysse (IVe s.) : « Quand toute volonté sera unie à Dieu, le mal disparaîtra entièrement puisqu'il n'aura pas de réceptacle[14] ».

Les Pères ont donc cherché à décrire, et en particulier Marc le Moine (Ve s.), le processus de la tentation afin de lutter contre elle au cœur de ce qu'ils nomment le combat spirituel. Marc le Moine décrit le mécanisme de la tentation en sept étapes :

1. La **suggestion** (*prosbolē*) : c'est l'incitation initiale au mal. Celle-ci est hors de notre contrôle ; elle vient du démon, elle assaille l'homme du dehors, l'être humain n'en est donc pas responsable. Même au paradis, Adam a été assailli par une suggestion. Et même Jésus, lui aussi, a subi des suggestions dans l'épisode de la tentation au désert (Mt 4.1-11), mais il n'y a pas consenti. La suggestion met à l'épreuve la volonté libre de l'être humain, ce dernier pouvant donc la repousser. S'il est vigilant et rejette la suggestion dès qu'elle apparaît, le processus de la tentation est alors stoppé net. La *prosbolē* n'est pas un péché, mais elle donne « la preuve de la liberté de notre volonté[15] » écrit Marc le Moine.

2. Mais si l'homme commence à laisser de la place à la suggestion et qu'il laisse des images liées à la suggestion se développer en lui, alors la deuxième étape est franchie, c'est l'étape de la **pensée** (*logismos*). Et dès cette deuxième étape, il commence à en être de la responsabilité de l'homme.

3. La troisième étape est celle de la **conversation** (*homilia*). L'homme commence à entretenir la pensée venue du démon, il discute avec elle, il parlemente, la retourne dans sa tête, s'y attarde, il laisse de plus en plus d'images se former en lui autour de cette pensée.

4. Quatrième étape, c'est littéralement **l'accouplement/liaison** (*syndyasmos*) ou **l'union** avec la pensée. Ici, l'homme n'est plus seulement en discussion avec la pensée, il commence à s'unir à elle.

---

[13] *Discours ascétique*, ch. III.
[14] Grégoire de Nysse, *Discours sur l'âme et la résurrection*, PG 46/101A.
[15] Marc le Moine, *Traités spirituels et théologiques*, Bégrolles-en-Mauges, Bellefontaine SO, 41, 1985, p. 115.

5. Vient alors ensuite le **consentement** (*synkatathesis*) : là, un pas est franchi. Nous mettons en œuvre la pensée mauvaise, soit à travers nos actes ou, à tout le moins, dans notre cœur. Ici, la responsabilité et la culpabilité de l'homme sont entières. Le péché commence là où il y a la *synkatathesis* : ce consentement est issu de notre volonté propre et entraîne un mouvement passionné, donc malade. Le mal est donc entré et entre encore dans le monde par la volonté de l'homme. Restent encore deux étapes qui suivent ce « passage à l'acte ».

6. La **prédisposition** (*prolēpsis*) : c'est « une réminiscence involontaire des méfaits antérieurs[16] » écrit Marc le Moine. L'homme a cédé plusieurs fois au même type de pensée et ainsi, en lui, s'est créée une sorte d'inclination, une sorte « d'habitude » à tel ou tel type de péché. Mais, même lors de cette sixième étape, l'homme a toujours toute sa liberté de choix.

7. La dernière étape est celle de la **passion** (*pathos*) car si elle n'est pas combattue avec ardeur, la prédisposition finit par devenir « maladie chronique » pour employer un terme plus actuel. L'homme devient esclave de sa passion. Il a alors besoin d'une guérison car il est malade spirituellement. Les huit maladies spirituelles principales décrites par les Pères sont : la gloutonnerie, l'amour de l'argent, la *porneia*/débauche, la colère, la mauvaise tristesse, l'acédie, la vaine gloire et l'orgueil.

La thérapeutique de ces passions, de ces maladies spirituelles, s'opère avant tout par le Christ médecin, mais elle réclame aussi une vigilance de notre part ainsi qu'un effort dans ce combat spirituel pour résister à ce processus de la tentation. C'est cela que les Pères nomment « vie active » ou *praxis*. La « vie active », pour eux, ne fait donc pas du tout référence à ce que les Occidentaux peuvent entendre par là : c'est-à-dire un travail extérieur, la vie de service, tournée vers les autres (même si évidemment, ce n'est pas du tout absent chez les Pères !). La « vie active », consiste d'abord en tout ce qui fait la lutte intérieure contre nos maladies spirituelles. Complètement liée à cette « vie active », et non pas différenciée comme cela a été fait en Occident, se trouve la vie contemplative, ce que les Pères nomment la *theōria*. La vie spirituelle se vit ainsi simultanément sur deux plans différents mais étroitement liés l'un à l'autre : celui de l'action (*praxis*) au travers donc du combat spirituel et celui de la contemplation (*theōria*) au travers de la prière et de la méditation des Ecritures. Les deux sont profondément liés.

---

[16] *Ibid.*, p. 22.

La « sobriété » et la vigilance sont déjà recommandées par Pierre en un texte souvent repris et abondamment commenté par les Pères : « Soyez sobres, veillez. Votre partie adverse, le Diable, comme un lion rugissant, rôde, cherchant qui dévorer » (1P 5.8). Cette sobriété spirituelle (*nēpsis*), c'est donc pour les Pères orientaux, l'activité de l'esprit qui veille et lutte pour rester attentif et maître de lui-même sous l'assaut des pensées mauvaises qui s'efforcent de lui faire perdre sa communion avec Dieu, son discernement et sa lucidité intérieure.

> « La sobriété, c'est une faction immobile et persévérante de l'esprit à la porte du cœur, pour distinguer subtilement ceux qui se présentent, écouter leurs propos, épier les manœuvres de ces ennemis mortels, reconnaître l'empreinte démoniaque qui tente, par l'imagination, de saccager notre esprit. Cette œuvre vaillamment menée nous donnera, si nous le voulons, une expérience très avertie du combat intérieur[17] » écrit Hésychius de Batos au VIIe s.

« La garde du cœur par l'intellect », « la descente de l'intellect dans le cœur », « l'union de l'intellect avec le cœur » – ces expressions reviennent constamment dans la littérature ascétique de l'Eglise d'Orient. Il s'agit donc de trouver un rapport harmonieux entre l'intellect et le cœur pour laisser la personne être construite dans la grâce. Et cette dynamique de l'union n'est pas qu'un processus inconscient. Elle suppose notre participation, une vigilance incessante, un effort continuel de la volonté ; mais aussi la persévérance. En ce sens, Macaire écrit :

> « S'il [le chrétien] tient bon dans le service du Seigneur et y persévère de tout son être, corps et âme, celui-là découvre en lui-même des ennemis secrets, des passions cachées, [...] une guerre interne, une lutte et un combat caché. Alors, il implore le Seigneur et reçoit du ciel les armes de l'Esprit, comme le dit le bienheureux apôtre : "la cuirasse de justice, le casque du salut, le bouclier de la foi, le glaive de l'Esprit" (Ep 6.14s). Ainsi armé, il pourra "résister aux œuvres secrètes du Malin" (Ep 6.11)[18]. »

A la lecture des Pères orientaux, on peut donc conclure qu'ils abordent l'ascèse sous deux angles majeurs : le recours incessant à des catégories médicales, à toute une terminologie de la thérapeutique ; mais également en utilisant les catégories de la lutte, du combat. Ces deux approches de l'ascèse sont complémentaires, puisque la « médecine » a pour but de s'attaquer aux racines des maladies pour les soigner moyennant la mise en œuvre d'une véritable stratégie spirituelle.

---

[17] Hésychius de Batos, in Placide Deseille, *La prière de Jésus dans la spiritualité hésychaste*, Monastère Saint Antoine le Grand, 2014, p. 10.
[18] Macaire, *op. cit.*, p. 234.

Une ascèse du cœur et du corps

Nous avons évoqué la collaboration entre l'intellect et le cœur. Mais qu'en est-il du corps ? Parce que dans l'ascèse des Pères, le corps est directement impliqué. Le but qu'ils poursuivaient était d'assurer l'unification de tout leur être, corps et âme, dans la lumière de Dieu. L'objectif de leur ascèse n'est donc pas de séparer l'âme du corps, de rejeter le corps[19], mais de transfigurer le corps lui-même pour le faire participer à l'union avec Dieu. Le corps est pour la tradition orientale un auxiliaire de l'âme dans son combat spirituel et sa recherche de Dieu. Un apophtegme l'illustre :

> « On demanda à Abba Agathon : Qu'est-ce qui est meilleur : le labeur corporel [c'est-à-dire l'ascèse du corps] ou la garde du dedans [c'est-à-dire la garde du cœur] ? Et il répondit : L'homme est semblable à un arbre : le labeur corporel ce sont les feuilles, tandis que la garde de l'intérieur est le fruit. Or l'Ecriture dit : Tout arbre ne produisant pas de bons fruits est coupé et jeté au feu (Mt 7.19). Il est donc clair que tout notre soin doit regarder le fruit, c'est-à-dire la garde de l'esprit ; mais nous avons besoin également de la **protection** et de la **parure** des feuilles : c'est le labeur corporel[20]. »

Ainsi, le corps apparaît ici comme une protection et une parure du cœur... C'est magnifique ! L'ascèse s'inscrit donc dans un mouvement qui permet au corps d'assurer cette mission qui lui est confiée : la protection et la parure du cœur ! Les Pères orientaux sont loin de la séparation néo-platonicienne dont ils ont été parfois accusés[21]. Pour eux, l'âme n'est pas supérieure au corps. Ce dernier a toute sa place et sa mission particulière dans le cheminement vers Dieu.

Par l'ascèse, écrit Antoine, « l'enseignement que je vous donne vise à réaliser la bonne entente entre le corps et l'âme dans la conversion ». Il continue en expliquant que tout le corps est transformé et « revient se mettre sous l'autorité de l'Esprit Saint ; et je pense que quelque part lui est accordée déjà de ce corps spirituel qu'il recevra lors de la résurrection des justes[22] ». Malheureusement, la théologie occidentale a perdu le sens de l'ascèse corporelle comme participation du corps à la vie *spirituelle*.

---

[19] Les Pères sont souvent accusés d'avoir rejeté le corps, de l'avoir perçu comme un « ennemi », mais si cela est vrai pour une grande partie de la théologie occidentale à partir d'Augustin, cela correspond peu à la tradition orientale. Car « l'ennemi » est à situer au niveau de la pensée et non du corps.
[20] Agathon 8, in *Les Apophtegmes des Pères du désert*, Paris, Cerf, SC 474, 2003, p. 23.
[21] Et qui n'est pas totalement fausse concernant les Pères occidentaux. Augustin en est encore l'exemple.
[22] Antoine, *Lettre* I/4, in Matta El-Maskine, *Saint Antoine ascète selon l'Evangile. Les Vingt lettres de Saint Antoine selon la tradition arabe*, Bégrolles-en-Mauge, Abbaye de Bellefontaine, SO 57, 1993, p. 86.

Comme le décrit Macaire[23] dans l'Homélie 21, il y a donc un double combat à mener dans la vie « ascétique » : un combat contre les réalités visibles, les distractions terrestres et les tentations charnelles : c'est l'ascèse du corps. Et un autre combat contre les réalités invisibles, ce qui est caché, c'est-à-dire les suggestions de l'Adversaire au travers de la pensée : c'est l'ascèse du cœur, dans laquelle l'intelligence a un grand rôle à jouer. Pour Macaire, c'est quand le chrétien commence à s'engager dans l'ascèse du corps que paraît alors l'autre lutte, la lutte intérieure. Mais il précise bien, et tous les Pères orientaux avec lui, que « cette guerre ne peut disparaître que par la grâce et la puissance de Dieu. Par lui-même, personne n'a la force de se libérer des pensées adverses et trompeuses, des passions invisibles et des artifices du Malin ». Car la source de l'ascèse, son fondement, c'est la présence de Dieu et de sa grâce en l'homme. Il y a donc une réelle synergie[24], une collaboration entre la grâce de Dieu donnée par l'Esprit Saint et la participation de l'homme pour s'ouvrir à cette grâce. Ce thème de la synergie est fondamental pour les Pères orientaux et a été souvent mal compris par la théologie occidentale. Car, il ne s'agit pas du tout pour eux d'être justifiés par nos œuvres. Pour exemple, Marc le Moine déjà cité (Ve s.) pourrait être considéré comme un « pré-réformateur » ! Il a en effet écrit un traité s'intitulant « Pour ceux qui pensent être justifiés par les œuvres » et a même été accusé par les adversaires de Luther au XVIe s. de l'avoir influencé ! Car la primauté de la grâce est fondamentale chez lui comme dans toute la théologie orientale et absolument pas incompatible avec la notion de synergie entre Dieu et l'homme. Marc le Moine écrit :

> « Aucun de ceux qui pratiquent la vertu ne s'imagine faire quelque chose de bon par ses propres forces. L'homme bon, à ce que dit le Verbe, ne tire pas le bien de lui-même, mais du bon trésor de son cœur ; et le trésor, c'est l'Esprit Saint, caché dans le cœur des croyants[25]. »

Les Pères orientaux ont une conception éminemment dynamique de la vie spirituelle : l'ascèse et la vie spirituelle permettent au chrétien de développer progressivement la grâce reçue en plénitude lors du baptême et présente au plus profond de son être. La vie spirituelle est une progressive « révélation » (c'est le terme employé par Marc le Moine), selon la capacité de chacun, de la grâce de Dieu au plus profond du cœur de l'homme.

Mais quel est le véritable but de la vie ascétique pour les Pères ?

---

[23] Macaire, *op. cit.*, p. 232-234.
[24] Le mot synergie vient du grec : *sun-* : avec et *-ergon* : travail.
[25] Marc le Moine, *op. cit.*, p. 106.

L'amour : le but de la vie ascétique

Nous l'avons vu, l'ascèse est pour les Pères un entraînement à la maîtrise de soi. Le but de cette maîtrise de soi est le don. Car pour eux, on ne peut donner à Dieu ou à l'homme que ce dont on possède la maîtrise. Ainsi, le but de l'ascèse est l'offrande d'amour. Ou encore, elle est le déplacement du centre de gravité de l'existence d'un plan égocentrique, tourné vers soi-même à une vie orientée vers Dieu et vers les autres dans l'amour. Le but de l'ascèse est donc la relation dans un humble amour.

C'est ce que les Pères nomment notre « volonté propre[26] » qu'il y a à combattre au cœur de l'ascèse. La volonté propre, c'est la volonté humaine lorsqu'elle se porte vers des satisfactions ou des plaisirs qui sont seulement tournés vers elle-même, sans les référer à la volonté de Dieu et au service du prochain. L'ascèse est donc là comme un chemin de libération vers l'amour.

Dorothée de Gaza (VIe siècle) donne ainsi une très belle image, celle de la roue : plus on se rapproche du centre, de Dieu, plus on se rapproche des autres qui sont les rayons :

> « Imaginez que le monde soit un cercle, que le centre soit Dieu, et que les rayons soient les différentes manières de vivre des hommes. Quand ceux qui, désirant approcher Dieu, marchent vers le milieu du cercle, ils se rapprochent les uns des autres en même temps que de Dieu. Plus ils s'approchent de Dieu, plus ils s'approchent les uns des autres. Et plus ils s'approchent les uns des autres, plus ils s'approchent de Dieu[27]. »

Pour les Pères, l'ascèse est donc aussi un chemin qui nous introduit dans une communion avec les autres. Voici comment Macaire[28] définit l'enfer en décrivant deux condamnés qui sont attachés et placés dos à dos et qui ne peuvent pas se regarder : « Il ne nous est pas possible de nous voir face à face[29] car le dos de l'un est collé au dos de l'autre ». Le plus grand soulagement qu'ils pourraient recevoir serait de voir un peu le visage de l'autre. Ici, le lien peut être fait avec l'étymologie même du mot enfer en grec : *háidēs* composé du *a-* privatif et le verbe voir *ideîn* : l'enfer c'est donc littéralement le lieu où l'on ne peut voir. Ni Dieu, ni le prochain. En grec le mot utilisé pour désigner la personne est précisément *prósōpon*, c'est-à-dire « visage » ! Une personne, c'est un visage que l'on peut regarder... !

---

[26] « Tò ídion thélēma » en grec.
[27] Dorothée de Gaza, *Instr.* VI, in *Oeuvres Spirituelles*, Paris, Cerf, SC 92, 2001, p. 287.
[28] Macaire 38, in *Les Apophtegmes des Pères*, Paris, Cerf, SC 387, 1993, p. 159s.
[29] « *Prósōpon pròs prósōpon* ».

L'enfer, ce n'est donc pas les autres, le regard des autres, comme chez Sartre dans son *Huis-Clos*, mais dans la perspective chrétienne et patristique orientale, l'enfer c'est précisément le contraire : c'est quand on est empêché de regarder l'autre. Quand on est malade d'une attitude de non-communion, de renfermement sur soi, c'est l'être courbé sur lui-même (*incurvatus in se*) dont a aussi parlé Luther plus tard.

Ainsi, l'ascèse chez les Pères orientaux pourrait être comparée à un instrument de musique ; elle consisterait à « accorder un instrument ». Quand un instrument est accordé, il est prêt pour que quelqu'un puisse jouer dessus. Mais le fait même qu'il soit accordé ne constitue pas en soi une musique. Néanmoins, si un instrument est désaccordé, personne ne pourra rien jouer. L'ascèse est ainsi orientée au-delà d'elle-même. En soi, elle ne présente aucun intérêt spécifique : le but, c'est qu'un morceau soit joué !

Il est sans doute fondamental de réaliser cela pour se garder de l'illusion ou du piège que pourrait produire l'effort ascétique. Chacun est appelé à se demander si certains actes ne nous rendent pas plus disponibles à l'action de la grâce de Dieu, de même qu'une corde bien tendue et bien accordée peut donner une note juste. Il faut alors que quelqu'un joue une mélodie et il y aura toujours Dieu pour jouer une mélodie en nous, pourvu que nous lui offrions une corde...

L'ascèse telle que la conçoivent les Pères orientaux intègre donc le corps comme collaborateur de l'âme dans ce chemin de purification. Or, vous le savez, certains courants de la psychologie moderne s'efforcent de démontrer la corrélation entre le corps et l'âme. Les Pères, bien avant (!), n'ont eu de cesse de décrire cette corrélation et de donner des remèdes, tant spirituels que physiques. Le renoncement mis en œuvre par les Pères, qu'il soit renoncement aux choses matérielles du monde ou renoncement intérieur à la volonté propre, n'est pas une désincarnation ou une destruction de la personne, comme on a pu le dire parfois, c'est au contraire une libération de ce que la personne est en vérité, dans la profondeur du regard de Dieu. On a souvent fait de l'ascèse, des attitudes de privations, de « sacrifices », car dans le monde occidental, l'ascèse a souvent été pensée en termes de mérites à acquérir, de récompenses à attendre de Dieu et de mortifications qu'il fallait infliger au corps qui était celui qui nous faisait tomber dans le péché. Nous voyons donc que pour les Pères orientaux, l'approche est fondamentalement différente. Et elle est profondément actuelle ! Le monde actuel dans les sociétés occidentales est prisonnier : certains sont prisonniers de l'alcool, d'autres d'une nourriture trop abondante, d'autres de la surconsommation, certains sont également prisonniers de curiosité intellectuelle, de la dépression... L'ascèse comprend toutes nos facultés, d'intellect, de cœur, de volonté, de corps, toutes nos habitudes, tous nos enlisements ; l'ascèse est là pour nous libérer de ces enfermements. C'est alors qu'elle peut permettre d'atteindre, en collaboration avec la grâce divine, une douce profondeur de paix, une forme d'harmonie et de stabilité, une stabilité de fond : c'est ce que les Pères nomment l'hésychia.

L'hésychia

Qu'est-ce que l'hésychia ?

Pour creuser cette question, un texte biblique, Lc 23.56, peut nous éclairer. Joseph d'Arimathée vient de déposer Jésus dans le tombeau, la veille du sabbat, le jour de la préparation. Les femmes ont assisté à tout cela, puis le texte nous dit : « Et s'en étant retournées, elles préparèrent des aromates et des parfums ; et, le sabbat, **elles se tinrent dans l'hésychia**, selon le commandement[30] » (Lc 23.56).

Evidemment, ce n'est pas la traduction habituelle de ce verset. Dans d'autres traductions, on trouve : « elles se tinrent en repos » (Darby) ; « elles se reposèrent » (Segond), « elles observèrent le repos » (TOB), « elles se tinrent tranquilles » (Osty) ce qui est peut-être la traduction la plus proche du grec.

Car nous avons ici le verbe *hēsycházō* : qui a donné aussi un nom : l'hésychia. Cette notion apparaissait déjà dans la philosophie grecque, mais va être très largement développée par les Pères orientaux et va même donner son nom à toute la tradition orientale à partir du XIVe siècle : la tradition hésychaste.

Littéralement, le mot grec est très difficile à traduire en français car il signifie aussi bien la tranquillité, le calme, le repos, mais aussi le silence, la solitude, la retraite solitaire. Il est employé par les Pères pour décrire la tranquillité du cœur : « L'hésychia consiste à laisser de côté les pensées[31] », écrit Grégoire le Sinaïte. L'hésychia, c'est le silence intérieur : c'est donc le fruit de l'ascèse donné par la grâce de Dieu. Jean Climaque écrit : « Le commencement de l'*hésychia* est d'éloigner tout bruit, parce que le bruit trouble les profondeurs de l'âme. Et sa perfection est de ne craindre aucun trouble et d'y demeurer insensible[32] ». Il écrit encore : « L'ami de l'*hésychia* est celui dont la pensée, toujours en éveil, se tient avec courage et intransigeance à la porte du cœur pour détruire ou repousser les pensées qui surviennent[33] ». Isaac le Syrien donne aussi sa

---

[30] « *Hypostrépsasai dè hētoímasan arṓmata kaì mýra. kaì tò mèn sábbaton **hēsýchasan** katà tèn entolén* ».
[31] Grégoire le Sinaïte, in Philocalie des Pères neptiques, Tome B, vol. 2, Bégrolles-en-Mauges, Abbaye de Bellefontaine, 2005, p. 427.
[32] Jean Climaque, *op. cit.*, p. 303 (degré 27,4).
[33] *Ibid.*, p. 303 (degré 27,3).

définition : « La définition de l'hésychia, c'est le silence loin de tout[34] ». Il y a donc deux aspects que les Pères choisissent de mettre en avant selon leur sensibilité : soit le silence extérieur, soit le silence intérieur. De nos jours, la majorité des orthodoxes mettent d'abord en avant l'aspect du silence intérieur. Ainsi Kallistos Ware écrit :

> « L'hésychaste, dans le vrai sens du terme, n'est pas celui qui a séjourné extérieurement au désert, mais celui qui a voyagé à l'intérieur de son propre cœur. Il n'est pas celui qui s'est coupé physiquement des autres, fermant la porte de sa cellule, mais celui qui est "retourné à l'intérieur de lui-même", fermant la porte de son esprit[35]. »

Pour tous les Pères, la voie pour atteindre cette hésychia est la prière incessante dite au plus profond du cœur. C'est elle la sentinelle qui veille à l'entrée de notre cœur et qui empêche les mauvaises pensées de rentrer. Pour eux, la première chose à apprendre est « s'asseoir à ne rien *faire* devant Dieu. Apprendre à *être établi* en la présence de Dieu ». C'est cela fondamentalement pour eux l'hésychia. Si on apprend cela, après, on découvre que, bien sûr, on peut *faire* quelque chose à l'intérieur de ce silence, à l'intérieur de cette stabilité. Ce n'est que dans la mesure où nous sommes dégagés et ayant suffisamment d'espace intérieur que nous pouvons nous engager d'une façon fructueuse.

L'image de l'étang, fréquemment utilisée, illustre cette tranquillité intérieure : tant qu'il y a des rides à la surface de l'eau, le paysage ne peut être correctement réfléchi, ni les arbres ni le ciel ; si la surface est tout à fait calme et lisse, alors le ciel se reflète, tout comme les arbres au bord de la rive, et tout est aussi distinct à la surface de l'eau que dans la réalité.

Il faut donc apprendre à s'arrêter, à se retirer, à vivre dans le silence, la prière, la méditation des Ecritures, la contemplation de Dieu au plus profond de notre cœur.

Issac le Syrien (VIIe s.) explique que Dieu a mis au plus profond de lui tout le royaume, et que le problème de la vie humaine est de creuser assez profond pour aller jusqu'au trésor caché. Il écrit :

> « Efforce-toi d'entrer dans la chambre du trésor de ton cœur et tu verras le trésor du ciel. Car l'un et l'autre sont le même. Entre dans l'un, tu contemples les deux. L'échelle du Royaume est en toi, cachée dans ton cœur[36]. »

C'est pourquoi, pour trouver Dieu, nous devons creuser, en quête de cette chambre secrète, de ce lieu où se trouve le royaume de Dieu au cœur même de

---

[34] Isaac le Syrien, *Discours*, Paris, Desclée de Brouwer, 1981, p. 391 (*disc.* 75-79).
[35] Kallistos Ware, *The Inner Kingdom*, New York, St Vladimir's Seminary Press, 2001, p. 93. L'édition française existe également : Kallistos Ware, *Le Royaume intérieur*, Paris, Cerf, 2004.
[36] Isaac le Syrien, *op. cit.*, p. 188.

notre être, là où Dieu et nous, pouvons nous rencontrer. Il s'agit d'y trouver le Dieu vivant, le Dieu qui répond, le Dieu qui est proche, le Dieu qui est plus intime à notre vie que notre vie même. Le meilleur outil, celui qui percera tous les obstacles, c'est la prière. Mais parfois la vie de prière peut elle-même être aride ; la tentation de se décourager peut gagner au travers des mauvaises pensées. Et l'Orient chrétien invite alors à développer toute une ascèse de la patience et de la persévérance au cœur de la vie spirituelle. Isaac le Syrien écrit :
« Si tu as demandé à Dieu quelque chose et s'il a tardé à t'exaucer, ne t'afflige pas, tu n'es pas plus sage que Dieu ; ceci t'arrive, ou bien parce que les chemins de ton cœur ne vont pas dans le sens de ta prière mais dans un sens opposé, ou bien parce que tu n'es pas encore parvenu au point où tu peux recevoir la grâce que tu demandes. Il ne faut donc pas désirer avant le temps ce qui nous dépasse afin de ne pas rendre inutile la grâce de Dieu en la recevant trop vite, car tout ce qui est reçu dans la facilité peut se perdre aussi rapidement, mais toutes choses se gardent avec attention dès lors qu'elles se trouvent quand le cœur se met en prière. Aie soif du Christ afin qu'il t'enivre de son amour[37]. »

Revenons au verset de Luc. Car il y a quelque chose de très surprenant dans l'emploi d'un verbe de ce verset. Luc dit que les femmes se sont tenues « tranquilles », dans « l'hésychia » ce jour-là, donc le lendemain de la sépulture du Christ après qu'elles aient préparé des aromates et des parfums, car c'était le jour du sabbat. Et Luc d'ajouter : « Elles se tinrent tranquilles, *selon le commandement* ». Evidemment, il fait référence à Ex 20.11 et Dt 5.12-14. Dans le premier passage, il est écrit que l'Eternel s'est reposé et, dans le second, ce sont les êtres humains qui sont appelés à se reposer le jour du sabbat. Or, nous ne retrouvons pas du tout l'emploi du verbe *hēsycházō* dans ces passages ! Dans la LXX, en Exode nous avons le verbe *katapauō* et en Dteutéronome le verbe *anapauō*, tous deux dérivant donc du radical *pauō* : se reposer[38]. Comment est-il possible que Luc, faisant référence au commandement de l'Ancien Testament n'utilise aucun des deux verbes qui se trouvent précisément dans ces passages ? D'autant que l'un et l'autre verbe sont couramment employés dans le Nouveau Testament et qu'ils sont attestés dans des textes lucaniens[39]. Si Luc change volontairement de verbe, ce qui ne peut pas passer inaperçu pour un auditeur habitué des Ecritures (pour les premières communautés chrétiennes, l'Ancien Testament fréquenté est la LXX, donc le texte grec), c'est qu'il veut nous indiquer quelque chose. Non seulement, les femmes se sont arrêtées et elles n'ont rien *fait* le jour du sabbat, comme cela était prescrit dans la Loi, mais ce verbe nous indique quelque chose de plus : c'est le verbe de la contemplation, de la prière intérieure, du silence intérieur. En Ac 11.18 par exemple, Luc l'emploie

---

[37] Isaac le Syrien, *op. cit.*, p. 252.
[38] En hébreu, c'est le même verbe utilisé dans les 2 passages : *Nuaḥ*.
[39] *Anapauō* : Lc 12.1 ; *katapauō* : Ac 14.18.

de nouveau pour dire que les foules qui viennent d'entendre le discours de Pierre « se tinrent dans l'hésychia (*hēsycházō*) et glorifièrent Dieu ». Ces femmes viennent de contempler le Christ crucifié et mis au tombeau. Elles sont complètement plongées dans la méditation de ce qu'elles viennent de vivre, c'est sans doute ce que Luc nous indique par l'emploi de ce verbe. Elles ne sont pas dans un « simple » repos si j'ose dire. Or, cela signifie que pour nous aussi, depuis la croix et la résurrection, nos « sabbats » nous sont donnés pour plonger dans l'hésychia ! C'est-à-dire dans ce silence intérieur profond, nourri de prière, de méditation des Ecritures, des bienfaits de Dieu. C'est ce que les Pères nomment le sabbat spirituel.

Ainsi par l'emploi de ce verbe, Luc nous montre que ces femmes se sont retirées au plus intime de leur cœur. Les aromates et la myrrhe qu'elles ont préparés sont destinés aux morts. Mais ces aromates et la myrrhe n'ont jamais oint le corps du Christ car elles ont découvert qu'il est ressuscité. La liturgie byzantine du samedi saint l'annonce : « La *myrrhe* convient aux mortels, mais le Christ est étranger à la corruption ». La présence de ces aromates et de la myrrhe serait-elle là pour illustrer cette pensée orientale des premiers siècles ? A travers l'ascèse et nos jours de sabbat, le chrétien est appelé à prendre sa croix et à travailler à mettre à mort le vieil Adam en lui, en s'unissant au Christ, en rentrant en lui-même, en se retirant au plus intime de son cœur, dans l'hésychia, dans la prière, dans la maîtrise de soi, la miséricorde et l'humilité, et par-dessus tout, dans un plus grand amour pour le Christ.

Voici une homélie complète (*Homélie 35*), relativement courte de Macaire qui définit ce « sabbat spirituel » :

> « 1. Dans la Loi donnée par Moïse, qui était une ombre des choses à venir (Col 2.17), Dieu ordonnait à tous de se reposer et de ne faire aucun travail le jour du sabbat. Mais celui-ci était un symbole et une ombre du véritable sabbat, qui est accordé à l'âme par le Seigneur. En effet, l'âme qui a été jugée digne du véritable sabbat cesse de s'adonner à ses pensées honteuses et souillées et elle y trouve du repos : elle célèbre alors le véritable sabbat et jouit du véritable repos étant délivrée de toutes les œuvres des ténèbres. Jadis pendant le sabbat figuratif, si les corps se reposaient, les âmes, elles, restaient enchaînées au mal et aux vices. Mais ce véritable sabbat est le véritable repos où l'âme cesse de s'adonner aux pensées de Satan. Elle en est purifiée et goûte le repos éternel et la joie du Seigneur.
>
> 2. Jadis, il était prescrit que même les animaux dénués de raison devaient se reposer le jour du sabbat : le bœuf ne devait pas être soumis au joug, ni l'âne porter de fardeau, car les animaux eux-mêmes se reposaient des travaux pénibles. C'est ainsi qu'en venant parmi nous et en nous donnant le sabbat véritable et éternel, le Seigneur a apporté le repos à l'âme qui était chargée et accablée du fardeau des pensées impures, et qui, sous la contrainte, accomplissait des œuvres d'injustice, asservie qu'elle était à des maîtres cruels.

Il l'a soulagée du poids intolérable des pensées vaines et souillées ; il l'a affranchie du joug amer des œuvres d'injustice, et il lui a donné le repos, alors qu'elle peinait parmi les pensées impures.

3. En effet, le Seigneur appelle l'homme au repos en lui disant : "Venez, vous tous qui peinez et êtes fatigués, et je vous donnerai le repos" (Mt 11.28). Et à toutes les âmes qui lui font confiance et s'approchent de lui, il donne le repos en les délivrant de ces pensées pénibles. Elles cessent alors complètement de s'adonner à l'iniquité, elles célèbrent un sabbat véritable délicieux et saint, une fête de l'Esprit, dans une joie et une allégresse inexprimables. Elles rendent à Dieu un culte pur qui lui plaît, procédant d'un cœur pur. C'est là le sabbat véritable et saint. Supplions donc Dieu, nous aussi, de nous faire entrer dans ce repos, de nous faire chômer des pensées honteuses, mauvaises et vaines, afin que nous puissions servir Dieu d'un cœur pur et célébrer la fête de l'Esprit Saint. Bienheureux celui qui entre dans ce repos ! Gloire au Père à qui il a plu d'agir ainsi, et au Fils et au Saint-Esprit. Amen[40] ! »

La nécessité de faire retraite

L'hésychia conduit au silence intérieur. Ainsi, l'hésychia est une sorte de monachisme intériorisé accessible à tout chrétien. Les Pères orientaux n'ont pas compartimenté de la même façon qu'en Occident la vie chrétienne : moines et laïcs sont appelés à vivre l'hésychia, simplement dans une forme de vie différente. Il n'y a donc qu'une seule spiritualité pour tous, une spiritualité du cœur ; « le moine et le laïc doivent atteindre les mêmes hauteurs[41] », écrit Jean Chrysostome.

Sans remettre en question l'importance du jour du sabbat, l'invitation à vivre dans l'hésychia se prolonge dans le quotidien de la vie de chaque chrétien. En effet, pour les Pères, le chrétien doit tendre à cet état de silence intérieur, de tranquillité, de paix des pensées... de manière incessante grâce à la prière incessante. Paul, en 2Th 3.12, invite à « travailler avec hésychia ». C'est donc un état intérieur de prière qui doit habiter nos journées et nos nuits, les temps de travail et les temps de repos !

Mais les Pères connaissent notre faiblesse et savent combien il est difficile de demeurer dans cet état de prière et d'hésychia. C'est pourquoi ils invitent sans cesse le chrétien à non seulement se donner dans son quotidien des moments pour « s'arrêter », mais aussi ménager des moments dans l'année où « faire retraite », se mettre à l'écart dans un lieu propice (silence...), partir « au désert » pour créer autour de soi et en soi, des dispositions favorables pour vivre cette

---

[40] Macaire, *Les Homélies spirituelles de Saint Macaire*, Bégrolles-en-Mauge, Bellefontaine, SO 40, 1984, p. 301-302.
[41] Jean Chrysostome, *In Epist. ad Haeb.* VII/4, PG 63.

intimité avec Dieu. Pour pouvoir ensuite retourner à notre vocation, tout comme les femmes le lendemain du sabbat sont allées au tombeau pour ce qu'elles pensaient être l'embaumement.

Jean Chrysostome écrit :
> « Dans ces déserts où l'on est heureux aussitôt que l'on commence à s'y établir, on ne médite que les choses qui regardent le royaume de Dieu, on ne se met en soin, et on ne s'occupe que des biens de l'éternité. On s'entretient avec les forêts, avec les montagnes, avec les fontaines, avec le silence, avec le repos (l'hésychia !), avec la grande et parfaite solitude où l'on peut se voir, mais principalement avec Dieu que l'on cherche et que l'on regarde toujours dans toutes ces choses[42]. »

Ainsi, les Pères, et Chrysostome particulièrement, incitent « les gens des villes », ceux qui sont pris dans le tumulte du quotidien et de la vie matérielle, à passer des moments à l'écart pour vivre pleinement l'hésychia et apprendre le silence. Et cette invitation est plus que jamais d'actualité dans notre monde plein de bruits, tant extérieurs qu'intérieurs. Comme l'écrit Olivier Clément, un théologien orthodoxe contemporain : « Il nous faut (aujourd'hui) des hommes de silence, nourris d'étonnement, d'attention, de "prière pure" et de beauté liturgique, pour dire une parole libératrice[43] ».

Pour les Pères, c'est le « désert », lorsque l'on « fait retraite » dans le silence qui permet cette conversation intime avec Dieu. C'est aussi dans l'arrêt momentané de toutes nos activités. Le repos est absolument essentiel pour la vie spirituelle et c'est aussi un exercice d'ascèse que d'apprendre à être maître de soi non seulement dans l'activité, mais aussi dans le repos. Savoir s'arrêter, savoir se reposer est essentiel. L'ascèse est donc aussi savoir s'arrêter !

Reprenons l'image de l'instrument de musique utilisée plus haut : un homme qui veut vivre une vie spirituelle doit être de corps et d'âme comme une corde d'un violon bien accordé. Si elle est trop tendue, il suffira qu'on la touche pour qu'elle se brise ; si elle est trop peu tendue, quand on voudra lui faire donner une note, elle ne donnera qu'un son vague. Il ne faut donc ni trop de tension, ni trop de relâchement. Alors il suffira que la corde soit touchée par l'archet, et elle rendra un son juste.

Pour terminer ici cette brève introduction à la spiritualité des Pères orientaux, un texte de Jean Chrysostome montrera la nécessité de faire retraite et les bienfaits qui demeurent lors du retour au quotidien :
> « En effet il y a ici-bas tant de choses qui obscurcissent la vue, tant d'objets qui assourdissent les oreilles et qui embarrassent la langue, qu'il faut

---

[42] Jean Chrysostome, *Hom. 69 sur Mt.*, PG 57/643.
[43] Olivier Clément, *Corps de mort et de gloire*, Paris, Desclée de Brouwer, 1995, p. 68.

nécessairement nous soustraire à ce tumulte, nous dérober à cette fumée, puis ensuite, nous réfugier dans ce lieu solitaire où règne un calme profond, et une hésychia parfaite où l'on n'entend aucun bruit, où les yeux sont fixés sur Dieu seul, et les oreilles, que rien ne trouble, attentives à n'écouter que les seules paroles divines. Les oreilles se délectent à entendre la symphonie de l'Esprit, harmonie spirituelle dont le pouvoir sur l'âme est si fort que celui qui a été une fois touché par cette musique ne peut plus lui préférer ni mets, ni boisson, ni sommeil. Désormais, ni le bruit des choses de ce monde, ni la foule ne peuvent distraire cette attention. De même que ceux qui se sont retirés sur les sommets des montagnes, ne voient et n'entendent plus rien de ce qui se passe ni de ce qui se dit dans les villes, si ce n'est peut-être un bruit confus, et aussi peu agréable que des bourdonnements d'insectes[44]. »

Ainsi, peu à peu, le chrétien pourra marcher dans le bruit de la ville en portant en lui le silence de la montagne. Pour Paul Evdokimov, c'est cela l'ascèse propre à notre monde contemporain :

« Pour le laïc du vingtième siècle, elle ne consiste pas tellement dans les privations et les exploits, mais plutôt [dans] le repos imposé, la discipline du calme et du silence, périodiques et réguliers, où l'homme retrouve la faculté de s'arrêter pour la prière et la contemplation, même au cœur des bruits du monde, et surtout d'entendre la présence des autres[45]. »

---

[44] Jean Chrysostome, *Deuxième homélie à Selechios sur la componction*, PG 47.
[45] Paul Evdokimov, *Les âges de la vie spirituelle*, Paris, Desclée de Brouwer, 2009, p. 57.

Qu'est-ce que l'eschatologie adventiste ?

Angel Manuel Rodriguez[1]

L'eschatologie adventiste est une exploration et une exposition de l'eschatologie apocalyptique biblique. Elle annonce un avenir caractérisé par une discontinuité radicale entre l'ordre présent des choses et un ordre futur que réalisera le Seigneur. Elle proclame l'accomplissement de la nouveauté eschatologique instaurée par le Christ et par conséquent elle doit mettre une emphase primordiale non sur ce qui disparaîtra, mais sur l'instauration du royaume éternel de Dieu sur la terre et la guérison de l'univers. L'eschatologie adventiste est une vision biblique d'un avenir des plus glorieux pour le cosmos et le genre humain.

Dans cet article, je discuterai d'abord de ma compréhension de la nature de l'eschatologie adventiste et ensuite, pour mieux nous aider à élucider sa nature, de quelques-uns des défis qu'elle doit relever.

La nature de l'eschatologie adventiste

Une eschatologie fondée sur la Bible

Tout d'abord, je commencerai par la question de la connaissance ou celle de l'épistémologie. Comment savons-nous ce que nous prétendons savoir sur les événements eschatologiques ? La réponse est simple : le fondement épistémologique de l'eschatologie adventiste est la révélation divine. Ce n'est pas fondé sur des théories politiques, une cosmogonie ou une cosmologie moderne, ni même sur la science-fiction. Notre vision de l'avenir de l'univers est le résultat de la Parole de Dieu à travers laquelle Dieu nous a fait part de son plan pour sa création. Nos propres perceptions de l'avenir sont limitées par le

---

[1] Angel Manuel Rodriguez, docteur en théologie, a été directeur du *Biblical Research Institute*, l'Institut de recherche biblique de la Conférence générale des Eglises adventistes du septième jour à Silver Spring (Etats-Unis). L'article a été traduit de l'anglais par Marcel Ladislas.

fait que nous sommes par nature des créatures existant dans le présent. Nous pouvons, avec l'usage de notre raison, de recherches et de théories scientifiques, d'analyses statistiques et de nos expériences passées et présentes, imaginer ce que l'avenir nous réserve et même commencer à nous y préparer dès maintenant, mais notre projection sera toujours partielle et trop incertaine pour que nous puissions nous y fier entièrement.

Seul un Dieu omniscient, tout puissant et tout amour peut élaborer le meilleur avenir pour ses créatures, le leur révéler sous la forme d'une promesse et les appeler à embrasser son projet, en ayant pleine confiance en Dieu et en son pouvoir de tenir ses promesses.

Puisque le plan divin a été préservé dans les Ecritures, lieu de la révélation spéciale de Dieu, celles-ci sont notre seule source canonique d'information sur l'eschatologie apocalyptique. Toute discussion adventiste sur l'eschatologie doit s'enraciner dans le texte biblique et en découler. Il est vrai que nous avons aussi les écrits d'Ellen White qui, souvent, étoffent le récit biblique, surtout ce qui concerne l'accomplissement historique des prophéties et qui fournit des perspectives théologiques significatives sur le texte, mais cette information ne fait qu'enrichir les données bibliques et ne devrait jamais se substituer à elles. Le fondement épistémologique de l'eschatologie apocalyptique adventiste est et devrait toujours être la révélation de Dieu telle qu'elle nous a été préservée dans le récit biblique.

Dieu, l'univers et le temps

Deuxièmement, l'eschatologie adventiste concerne Dieu, l'univers et le temps (ou l'espace-temps) créés par Dieu. L'espace et le temps sont les sphères dans lesquelles Dieu se révèle et interagit avec ses créatures. L'élément cosmique pointe le fait que l'eschatologie n'est pas simplement une question d'intérêt personnel ou privé pour le futur, mais qu'il est surtout lié à des préoccupations cosmiques qui ont un impact sur toutes les créatures de l'univers et de notre monde. Nous devrions ne jamais négliger la dimension cosmique de l'eschatologie apocalyptique, sinon cela pourrait devenir une recherche anthropocentrique de la réalisation de soi. Cette vision myope de l'eschatologie pourrait facilement déformer notre compréhension de la nature et de la finalité de l'enseignement biblique sur l'eschatologie apocalyptique. La composante temporelle de notre eschatologie nous rappelle que l'eschatologie concerne l'avenir du cosmos, ainsi que les plans de Dieu pour sa création. Dieu n'est pas seulement Seigneur sur le passé et le présent, mais aussi sur l'avenir.

Une espérance

Troisièmement, je dirais que la véritable eschatologie adventiste doit être comprise comme espoir, au sens d'attendre ou d'espérer l'avènement du meilleur de la part du Seigneur. Décrite comme attente et désir du meilleur ou du renouveau, l'espérance est directement liée au passage du temps, à l'activité divine, et à une compréhension spécifique de la nature humaine. A la question, les humains sont-ils par nature des créatures existant dans une condition d'angoisse ou de désespoir ?, la réponse biblique est la suivante : les humains sont des créatures d'espoir, constamment tournées vers l'avenir. En créant des êtres qui existeront dans la sphère du temps, Dieu a créé des êtres qui existent dans un état ou une condition d'attente constante. Pour l'homme, chaque seconde est une attente et chaque souffle est une expression inconsciente de notre espoir de continuer à vivre. L'espoir est pratiquement instinctif pour les humains – au milieu de l'angoisse et de la peur, ordinairement nous espérons une délivrance.

Cette tension vers l'avenir était la condition d'Adam et Eve au sortir des mains du Créateur. Le sixième jour, ils attendaient avec impatience le septième jour et le bien qui en découlerait. En effet, il en est résulté quelque chose de nouveau, à savoir, un jour de repos et de communion avec leur Créateur[2]. Le sixième jour avait disparu pour toujours et du neuf était advenu. Ce n'est pas que le sixième fut inférieur ou imparfait, mais Dieu avait plus pour eux, plus que ce qu'il n'était prêt à leur offrir le sixième jour. Il les a surpris en planifiant l'offre du septième jour. Des siècles plus tard, nous continuons d'espérer, mais cette fois-ci, nous regardons vers un avenir meilleur au milieu d'un conflit cosmique qui menace notre existence[3].

Une eschatologie liée au conflit cosmique

Quatrièmement, une vision biblique de l'eschatologie doit prendre en compte la présence du mal dans l'univers et dans l'existence humaine. L'intrusion de l'anomalie du mal, de l'irrationnel dans le cosmos a provoqué un conflit cosmique.

Pour apporter une solution appropriée au conflit, Dieu accorde aux puissances du mal le temps de manifester leurs véritables intentions et de révéler leurs caractères. C'est à partir de ce moment que l'eschatologie a vu le jour et cela

---

[2] Gn 2.1-3.
[3] He 4.4, 9-10 : « Car on a dit du septième jour : *Et Dieu se reposa le septième jour de tout son ouvrage* ». « Un repos sabbatique reste donc en réserve pour le peuple de Dieu. Car celui qui est entré dans son repos s'est mis, lui aussi, à se reposer de son ouvrage, comme Dieu s'est reposé du sien. »

correspond à l'attente, pleine d'espoir, du moment où les forces du mal seraient démasquées et ensuite correctement éradiquées du cosmos par l'arrivée du nouveau. En ce qui concerne les humains, quelque chose d'unique s'est produit. Malgré leur allégeance aux forces du mal dans le conflit cosmique et la perte permanente d'un avenir, Dieu a créé pour eux, par la grâce, une nouvelle espérance et un nouvel avenir.

Contrairement aux puissances maléfiques, pour lesquelles il n'y a plus d'espoir, et aux êtres non déchus, pour lesquels la grâce et le pardon ne sont point nécessaires, les humains vivent en attendant, non dans l'angoisse mais dans l'espérance, le moment où leur condition existentielle sera transformée par la grâce divine. Cette espérance ne leur appartient que sous la forme d'une promesse de Dieu leur annonçant l'arrivée future de la nouveauté (Gn 3.16). L'espérance est toujours nôtre dans le présent sous la forme d'une promesse divine acceptée par la foi[4]. Tandis que nous attendons l'accomplissement de la promesse, nous sommes confrontés dans notre vie quotidienne à la douleur, à la souffrance, et même à la mort[5]. L'avenir semble incertain, mais le réconfort et l'assurance se trouvent dans un espoir qui rejette le présent comme destin final de nos vies et anticipe un matin radieux qui mettra un terme à la souffrance et à la mort[6]. Ce sera la survenue de la réalisation du nouveau, (la palingenèse), introduit dans l'histoire humaine par le Christ.

Origine divine du bien/du nouveau

Cinquièmement, en concluant que l'eschatologie est par définition l'attente de l'arrivée du bien et du nouveau du Seigneur, nous introduisons deux idées importantes dans la discussion de l'eschatologie adventiste. Premièrement, l'eschatologie ne concerne pas principalement la fin du cosmos ou de l'histoire humaine[7], mais un acte de recréation divine (palingenèse) qui sera de même qualité que l'activité créatrice de Dieu au commencement (à la genèse)[8]. Nous nuisons à l'eschatologie biblique en la présentant comme la future décréation opérée par Dieu au lieu de mettre l'accent sur l'œuvre de recréation de Dieu ; elle

---

[4] Rm 8.24-25 : « Car nous avons été sauvés, mais c'est en espérance. Or, voir ce qu'on espère n'est plus espérer : ce que l'on voit, comment l'espérer encore ? Mais espérer ce que nous ne voyons pas, c'est l'attendre avec persévérance. »
[5] Rm 12.12 : « Soyez joyeux dans l'espérance, patients dans la détresse, persévérants dans la prière. »
[6] Ac 24.15 : « J'ai *cette espérance en Dieu* – et eux aussi le partagent – qu'il y aura une résurrection des justes et des injustes. »
[7] 2P 3.10b : « Le jour du Seigneur viendra comme un voleur, jour où les cieux disparaîtront à grand fracas, où les éléments embrasés se dissoudront et où la terre et ses œuvres seront mises en jugement. »
[8] Es 65.17-19 : « Car *je crée un ciel nouveau et une terre nouvelle* ; on ne se souviendra plus du passé, il ne viendra plus au cœur » ; Ap 21.5 : « *De tout, je fais du nouveau* ».

tend à insuffler la peur dans le cœur humain et non l'espérance. Deuxièmement, l'eschatologie et l'avenir qu'elle annonce est l'œuvre exclusive de Dieu au bénéfice de sa création et non le résultat de l'ingéniosité humaine manifestée à travers un progrès social, scientifique et technologique, ou l'utilisation de techniques d'auto-amélioration. L'espoir humain fondé sur le progrès, que les lumières ont permis aux humains, s'est avéré être une vision utopique de l'avenir, laissant les humains désespérés (au sens étymologique du terme, le latin *de* « absence de », et *spes* « espoir », donc « être sans espoir »). De tels espoirs étaient des espoirs naturels configurés par les humains d'en bas.

Le XXIe siècle a hérité du précédent une humanité vivant dans un état de désespoir et de peur. Le progrès et les inventions humaines se sont révélés inappropriés et impuissants à produire une espérance comme celle de la Bible. L'espérance apocalyptique adventiste dont nous discutons est l'œuvre exclusive de Dieu qui franchit le seuil de la mort et accouche de la mort elle-même la liberté et une nouvelle vie.

Une eschatologie centrée sur le Christ

Sixièmement, l'eschatologie adventiste a comme propriété essentielle d'être centrée sur le Christ. C'est l'œuvre de Dieu, mais c'est son œuvre par le Fils. La théologie chrétienne a pratiquement marginalisé l'eschatologie en la considérant comme un appendice des théologies systématiques, traitant principalement de la vie après la mort. Maintenant les choses changent et l'espérance est devenue, du moins pour certains théologiens, le cœur de la théologie chrétienne. La théologie, explique-t-on, doit se faire dans la perspective de l'espérance, c'est-à-dire dans la perspective du but ultime de la théologie. Dans une certaine mesure, cela pourrait plaire aux théologiens adventistes parce que pour nous, l'eschatologie est inséparable du Christ (sotériologie), du conflit cosmique et de l'ecclésiologie. Par conséquent tout sujet théologique est lié à la réalisation eschatologique de l'œuvre du Christ. Nous ne mettons pas seulement l'accent sur le pouvoir salvifique de la croix, mais aussi sur sa médiation dans le temple céleste et son retour dans la gloire comme des événements qui révèlent la plénitude de la croix. Quand l'espérance est interprétée de façon christologique, elle plonge ses racines dans le passé, influence le présent et détermine l'avenir du cosmos.

La christologie cosmique biblique précise que ce cosmos a été créé par le Fils, qu'il est maintenu par lui et qu'il est réconcilié par lui (Col 1.16-20). L'avenir du cosmos et de la race humaine est déterminé par l'œuvre du Fils dans le conflit cosmique. C'est lui qui a relevé le défi d'un chérubin tombé du ciel et l'a vaincu (Es 14.12-15 ; Ez 28.14-17 ; Ap 12.7-9) et qui, à la fin du conflit, sera reconnu par les mêmes forces mauvaises comme le Seigneur de tous (Ph 2.10-11). L'avenir et l'espérance que Dieu offrait dans l'amour à la race humaine était dès le début une espérance messianique centrée sur la venue future du Sauveur. Sur la croix, il a vaincu toutes les puissances du mal (2.15) et à la fin du conflit, tous ses ennemis seront placés sous ses pieds. Je soutiendrai ci-dessous qu'une eschatologie centrée sur le Christ est indispensable en théologie adventiste si nous voulons représenter correctement l'eschatologie apocalyptique biblique. C'est à cause de son œuvre de rédemption sur la croix que nous pouvons incontestablement affirmer que le conflit cosmique culminera dans une théodicée cosmique.

L'avenir a des répercussions sur le présent

Septièmement, l'eschatologie adventiste ne concerne pas seulement l'avenir mais aussi son impact sur le présent. L'espérance que nous embrassons exige des croyants qu'ils vivent « dans la sainteté et la piété » (2P 3.11), car « quiconque a cette espérance… se purifie lui-même, comme il est pur » (1Jn 3.3). Il existe une éthique eschatologique ou un mode de vie chrétien qui est déterminé par la présence et la venue du royaume de Dieu. Mais il y a plus à espérer que la sainteté personnelle. L'attente d'un monde futur libéré de la douleur, de la souffrance et de la mort doit s'incarner dans une profonde préoccupation pour ceux qui souffrent. Nous cherchons à alléger la souffrance en attendant son éradication au moment de la réalisation de notre espérance. En d'autres termes, notre espérance future ne nous rend pas indifférents à la douloureuse condition de notre planète et de ses habitants. Le modèle pour cette vision de l'impact actuel de l'espérance eschatologique est Jésus, le plus puissant annonciateur du monde à venir, qui a traversé des villes et des cités pour guérir les malades (par exemple, Mt 4.23). L'espoir est plus efficacement proclamé lorsqu'on donne un gage de cet espoir à ceux qui sont endeuillés ou affamés.

La présence de l'espérance chrétienne dans notre quotidien doit combler le vide laissé par l'effondrement des espoirs fondés sur le progrès scientifique et technologique et les promesses politiques. La technologie, la science et la politique se sont révélées être un mélange de bon et de moins bon. Notre espérance ne doit néanmoins abandonner aucun d'eux mais, tout en niant qu'elles soient une source appropriée d'espérance ultime pour l'humanité, nous devrions leur concéder une place en attendant que se concrétise la véritable espérance. Au fur et à mesure que l'Eglise continue de grandir, son impact sur la société augmentera également, ce qui nous obligera à expliquer comment notre espérance est liée à la politique, la science et la technologie – les éléments les plus puissants de notre vie mondiale. Le fait que ces domaines de la vie humaine produisent du bon (et malheureusement aussi du moins bon) me suggère que

Dieu ne les a pas encore abandonnés et que, par conséquent, nous ne devrions pas non plus les mettre de côté. Ils sont impliqués dans le conflit cosmique. Notre espérance nous oblige à inviter les acteurs de ces sphères de la connaissance et de la vie humaines à œuvrer dans tout ce qu'elles visent à réaliser, pour le bien des gens, au service d'autrui. Nous devrions les mettre au défi de freiner la tendance naturelle au libre-service et à la manipulation incontrôlée des progrès scientifiques et technologiques qui suscitent la peur et l'angoisse dans le cœur humain. Sinon, notre espérance pourrait n'avoir aucune pertinence pour la société. Or notre monde a besoin d'un aperçu de ce à quoi ressemblera notre espérance une fois pleinement réalisée.

Les défis de l'eschatologie adventiste

L'eschatologie apocalyptique est en soi un sujet difficile en ce sens qu'elle est par nature préoccupée par l'avenir, que les humains ne peuvent pas vraiment prédire, ce qui tend à créer de l'angoisse dans les cœurs. Les adventistes sont également confrontés à des défis qui, dans certains cas, sont inhérents à leur eschatologie. Je discuterai de certains d'entre eux et suggérerai quelques pistes à suivre pour tenter d'y remédier.

L'amour divin et l'extermination des méchants

Je commencerai par ce qui est probablement le défi théologique le plus important auquel nous sommes confrontés et que nous, théologiens, à quelques exceptions près peut-être, n'avons pas encore soigneusement relevé. Il s'agit du lien entre l'eschatologie et l'*agapē* divin. A première vue, cela peut paraître simple, mais j'ose dire que c'est loin d'être simple. Si la question clé dans le conflit cosmique est l'accusation que Dieu n'est pas celui qu'il prétend être, à savoir un Dieu qui dans sa nature la plus fondamentale est absolument tourné vers l'autre dans un amour désintéressé, alors la résolution du conflit devrait être basée sur une révélation incontestable de cet amour, dont les trésors de persuasion remporteraient l'adhésion de tous les cœurs. Nous avons argumenté à juste titre qu'une telle révélation s'est produite lors de la crucifixion du Christ, mais notre question est de savoir comment cette révélation de l'amour de Dieu est liée au fait que lorsque s'achèvera le conflit cosmique, des millions de créatures intelligentes seront probablement définitivement supprimées de l'univers. Comment l'extermination d'une partie de la création de Dieu, et en particulier des créatures intelligentes, est-elle une expression de l'amour divin ?

Il y a ceux qui prétendent que Dieu ne tue personne ou que les pécheurs meurent par eux-mêmes à cause de leurs péchés, sans l'intervention de Dieu. Cependant, ces réponses éludent le langage explicite de la Bible à propos du jugement des méchants (par exemple, Ap 20.10,14 ; 21.8) et transforment Dieu en spectateur détaché d'une des singularités cosmiques les plus dévastatrices. De telles réponses impliquent que la résolution finale du conflit cosmique est le fruit de lois impersonnelles ou le résultat de la nature même du mal, et non l'œuvre d'un Dieu personnel et aimant. L'autre option serait de concevoir Dieu comme infligeant personnellement et directement une douleur intense aux méchants tout en se réjouissant de sa victoire finale sur eux. Je propose que l'extermination du mal et des méchants soit interprétée comme l'expression de l'amour de Dieu. Il ne pourrait en être autrement parce qu'il est par nature amour. Je suppose qu'à ce moment-là, Dieu ne suspend pas ou ne désactive pas sa nature la plus gracieuse et aimante ; il demeure le grand « Je suis qui je suis » (Ex 3.14). Si tel n'était pas le cas, l'eschatologie ne culminerait pas dans une théodicée mais dans une démonstration de puissance divine difficile à comprendre et qui susciterait une immense peur dans le cosmos en laissant le conflit cosmique sans réelle solution.

Je suis sûr qu'il y a diverses façons d'aborder ce défi, mais ma proposition sera de commencer par une compréhension christologique de l'extermination des méchants. Nous ne devrions jamais séparer l'eschatologie de la christologie. Et cela signifie que la clé herméneutique pour décoder l'extermination des méchants reste la croix de Jésus-Christ, soit la plus glorieuse manifestation de l'amour de Dieu. Il y a de nombreuses façons de justifier cette approche du sujet, mais j'ai choisi de vous proposer une approche simple. Jésus-Christ est la seule personne qui, jusqu'à présent, a personnellement fait l'expérience de la plénitude du jugement de Dieu en prenant sur lui les péchés du monde (Jn 1.29 ; 2Co 5.21) ; il a donc été traité comme le « méchant par excellence ». Selon cette approche, sa mort est paradigmatique pour la mort des méchants à l'*eschaton*.

Sur la base de ces commentaires introductifs, je suggérerais que l'extermination des méchants inclura deux éléments importants – éléments sans lesquels nous ne pourrions pas parler d'une théodicée cosmique. Les voici : conviction et abdication ou capitulation. La conviction ne met pas fin à la guerre parce qu'elle ne change pas la nature des forces du mal mais les prépare à accepter que la guerre est terminée et que leur destin ne peut être révisé. La conviction atteint son apogée lors du jugement final. Je dis « atteint son apogée » parce que le millénium est un temps de réflexion cosmique pour les puissances maléfiques de la terre qui les prépare à réaliser, lors du jugement final, qu'elles étaient du mauvais côté du conflit cosmique. Qu'est-ce qui les convainc ? L'*agapē* divin qui a fait tout ce qui était nécessaire pour les sauver. Pendant le jugement, les livres sont ouverts et ils ne voient pas seulement leurs mauvais choix, mais aussi et surtout l'activité divine dans leur vie et particulièrement à la croix du Christ.

Ellen White, dans un commentaire instructif, éclaire ce qui se passe à ce moment dans l'esprit des puissances du mal :

> « L'abondante évidence donnée par Dieu de son désir de nous sauver tous, sera la condamnation de tous ceux qui refusent le don de Dieu. Au dernier jour, [...] la croix du calvaire apparaîtra clairement devant ceux qui se tiendront devant le Juge de toute la terre pour entendre leur sentence éternelle. Ils auront reçu la capacité de comprendre quelque chose de l'amour que Dieu a éprouvé et témoigné pour les êtres humains déchus[9]. »

Quand ils voient l'amour de Dieu manifesté à la croix, cette révélation de l'amour divin pénètre leur esprit obscurci et les persuade que Dieu est bel et bien un Dieu d'amour – la manière dont cela se produira précisément reste, pour moi, un mystère. A ce moment-là, même Satan reconnaîtra qu'il mérite la mort.

Alors tous les méchants commenceront à expérimenter la seconde mort – la réalisation qu'ils sont éternellement séparés de leur Créateur aimant. L'intensité d'une telle douleur est incompréhensible pour nous, mais elle a été vécue par Jésus. Le désir de continuer à exister dans l'aliénation totale du Créateur produit chez le méchant une indescriptible douleur spirituelle, émotionnelle et physique. Jésus a vécu cette expérience et a souffert aussi longtemps qu'il a choisi de s'accrocher à sa vie. L'expérience de la mort éternelle a pris fin quand il a crié : « Père, entre tes mains, je remets mon esprit » (Lc 23.46). Je suis d'avis que les méchants vivront la même expérience jusqu'à ce qu'eux aussi capitulent et abandonnent volontairement leur vie au Créateur qui, en tant que tel, a le droit de la leur prendre. Ce n'est pas par la guerre que Dieu prend leur vie. Son plan est qu'ils le lui rendent volontairement. Le pouvoir de conviction de la croix conduira à la décision de mettre fin à la guerre contre Dieu, en reconnaissant que Dieu est le Créateur, avec droit de vie et de mort sur nous, qu'on ait accepté sa grâce ou non. Nous assistons ici à la pleine expression de la théodicée cosmique. Je reconnais qu'il est beaucoup plus ardu d'interpréter l'extinction des méchants avec comme postulat la révélation de l'amour divin plutôt que sa seule justice, mais j'ai choisi de commencer avec le Christ.

Le retard de la parousie

Le second défi auquel l'eschatologie adventiste est confrontée est la conviction de nombreux adventistes que *la parousie* a été retardée. Cette opinion est clairement influencée par la conviction biblique que l'eschatologie est historiquement validée par son accomplissement et qu'en ce qui concerne *la parousie*, il est évident que cette validation n'a pas encore eu lieu. Il est intéressant de noter qu'au lieu d'abandonner la promesse, les croyants préfèrent

---

[9] Ellen White, *Review and Herald*, March 15, 1906.

parler de retard. En d'autres termes, l'argument du retard sert à affirmer la fiabilité de la promesse. Depuis l'époque des pionniers adventistes, nous avons constamment attendu que le Seigneur vienne bientôt, c'est-à-dire dans un court laps de temps. Les prophéties avaient été accomplies et ce qui restait à accomplir n'était pas grand-chose. Pourtant, nous sommes toujours là, cent soixante-quinze ans plus tard. La question du retard a hanté les chrétiens pendant longtemps, au point que certains en ont conclu que le langage utilisé pour le décrire est mythologique. Ces érudits ont décidé de refondre le contenu théologique du retour du Christ et de l'interpréter dans le langage de la modernité. Ils considéraient qu'attendre deux mille ans était une longue période de temps. Contrairement à ce point de vue, ce qui est particulièrement troublant pour certains dans l'eschatologie adventiste, ce n'est pas que nous attendions depuis deux mille ans, mais depuis cent soixante-quinze ans. Pour nous, les prophéties apocalyptiques de Daniel et de l'Apocalypse, en particulier leurs périodes de temps, expliquent pourquoi nous sommes encore ici, mais le manque de prophéties chronologiques allant au-delà de 1844, contribue à soulever la question du retard.

La recherche de réponses a été dominée par les efforts visant à déterminer qui est responsable du retard. La première, sinon l'unique réponse, a été d'ordre ecclésiologique. C'est-à-dire qu'il y a quelque chose de profondément fautif dans l'Eglise qui doit être corrigé avant que la venue du Seigneur puisse se produire. Par exemple, certains soutiennent que Christ ne viendra pas avant que l'Eglise n'accepte et proclame une compréhension particulière de l'Evangile. D'autres avancent que le retard est dû à la détérioration de la spiritualité de l'Eglise qui doit changer afin d'être prête à recevoir le Seigneur. D'autres encore prétendent que Christ ne viendra que lorsqu'un nombre significatif de membres d'Eglise aura atteint la perfection de caractère. La conviction la plus répandue est que le Christ ne reviendra que lorsque le message de l'Eglise aura été proclamé au monde entier. Nous n'avons pas le temps d'évaluer ces points de vue ou d'autres encore, mais valables ou non, ces tentatives pour expliquer le retard de *la parousie* servent à nous alerter sur le fait que la question du retard est réelle et qu'il est nécessaire pour nous de l'aborder. En fait, certains l'ont déjà fait, mais il reste encore du travail à faire.

Le sujet du retard soulève des questions sur l'interaction entre souveraineté divine et liberté humaine, ainsi que sur le lien entre les événements se déroulant au ciel (la médiation du Christ sur le point de s'achever) et l'activité de l'Eglise sur terre (la réalisation de la mission). Tout cela requiert des étudiants de la Bible que nous sommes notre attention. Mais peut-être que le retard est à peu près le temps qui s'écoule entre les deux épiphanies du Christ. Que devrions-nous faire pendant que dure le temps de l'epérance ? Dans ce cas particulier, il serait alors important d'explorer la contribution des prophéties apocalyptiques à ce retard perçu ou réel et à la nature de la mission de l'Eglise. Les adventistes croient que toutes les prophéties apocalyptiques ne se sont pas réalisées et que, par conséquent, nous vivons toujours dans le temps de l'accomplissement. L'œuvre de salut du Christ dans le sanctuaire céleste n'est pas encore terminée. Certaines prophéties doivent se produire avant la seconde venue et elles sont en cours de réalisation. Par conséquent, il est impératif de maintenir l'espoir et l'attente en vie au sein de notre communauté de croyants, ce qui nous amène à notre prochain défi.

La certitude de l'espérance chrétienne

Qu'est-ce qui rend notre attente eschatologique certaine ? L'histoire de l'espérance révèle que l'histoire elle-même est un grand cimetière d'espoirs humains. Il s'agissait d'utopies qui, pendant une courte période de temps, ont donné un sens apparent à certains êtres humains, mais qui se sont finalement révélées non substantielles. Quand je regarde l'Eglise, je me demande pourquoi l'espérance chrétienne, une question d'une si grande importance, ne semble pas être un sujet de préoccupation majeur pour de nombreux membres d'Eglise. On parle peu de la seconde venue du Christ et nous avons tendance à vivre comme si le temps allait durer indéfiniment. L'élément d'attente semble être dans une unité de soins intensifs et, par conséquent, il est, à bien des égards, impossible de distinguer la vie d'un croyant de celle d'un non-croyant. Beaucoup de ceux qui sont assis sur nos bancs semblent faire face à une crise d'espoir eschatologique.

Quand les croyants s'approprient cette espérance, elle les pousse vers une vie sainte et pure (1Jn 3.3). Nous avons besoin d'un renouveau de l'espérance apostolique dans la vie de l'Eglise. La conviction que le Christ vient bientôt peut et doit nous transformer en changeant notre façon de nouer une relation avec Dieu et avec les autres. Oserons-nous dire que certains de nos théologiens sont probablement confrontés à une crise d'espoir ? La tentation de rejeter la méthodologie apocalyptique historiciste peut être liée à une telle crise. Le concept du conflit cosmique et la spécificité de l'espérance biblique, apocalyptique et eschatologique qui nous est si chère, sont directement liés à une approche historiciste des prophéties apocalyptiques. Le prétérisme nous laisserait sans un tel espoir. L'espérance biblique nous dit que Dieu s'implique personnellement et directement dans l'histoire, la conduisant vers son point culminant : *la parousie*, le moment où sa présence dans notre histoire sera visible, audible et permanente. Ce même Dieu nous a fourni une esquisse d'événements historiques qui, au fur et à mesure de leur accomplissement, valident notre eschatologie et nous aident, dans notre pèlerinage, à nous situer dans le flux des événements de l'Apocalypse. Nous devons nous unir autour de cette approche de la prophétie si nous voulons raviver l'espérance au sein de l'Eglise.

Alors, pour en revenir à notre question, qu'est-ce qui rend l'espérance eschatologique adventiste unique, certaine et absolument digne de confiance ? Ma perspective christologique sur l'eschatologie biblique m'apporte une réponse : l'espérance eschatologique biblique est absolument fiable grâce au Christ. La Bible établit que le Christ est notre espérance, notre espérance vivante (par exemple, 1Tm 1.1 ; 1P 1.3), non seulement en ce sens qu'il est la source et le fondement de notre espérance, mais aussi d'une manière plus littérale et directe. Il est ce que j'attends avec impatience. Dans l'homme glorifié de Galilée, nous voyons déjà l'expression concrète ou palpable de notre espérance, ce qui la rend extrêmement fiable. En d'autres termes, puisqu'il y a un être humain en qui ce que j'espère s'est réalisé, mon espérance est digne de confiance. J'en ai la preuve en Christ. Permettez-moi de donner quelques exemples pour illustrer cet argument.

Nous attendons avec impatience le moment où nous existerons dans la glorieuse présence de Dieu, mais c'est déjà une réalité pour l'homme Christ Jésus (Jn 14.3 ; 1Tm. 2.5).

L'espérance de ceux qui sont morts ou qui mourront en Jésus inclut leur résurrection d'entre les morts, et pour eux, ainsi que pour nous tous, cette espérance est digne de confiance parce qu'un autre être humain est déjà ressuscité d'entre les morts – « Celui qui a ressuscité le Seigneur Jésus des morts nous ressuscitera aussi avec Jésus » (2Co 4.14).

Nous attendons avec impatience le moment où nos corps seront transformés en un corps glorieux parce que le corps du Christ a déjà été glorifié – « Car notre citoyenneté est au ciel, d'où nous attendons avec impatience un Sauveur, le Seigneur Jésus-Christ, qui transformera notre humble corps en un corps glorieux » (Ph 3.21).

Nous croyons fermement que nous monterons vers le Père parce que le Christ est déjà monté – « Si je vais te préparer une place, je reviendrai, et je te recevrai à moi-même, afin que là où je suis, tu sois là aussi » (Jn 14.3 ; cf. 1Th 4.17).

Nous régnerons avec Christ parce qu'il règne déjà comme Roi – « A celui qui vaincra, je donnerai le droit de siéger avec moi sur mon trône, tout comme j'ai vaincu et je me suis assis avec mon Père sur son trône » (Ap 3.21 ; 2Tm 2.12).

Nous vivrons éternellement parce qu'il vit aux siècles des siècles – « Que nous soyons éveillés ou endormis, nous vivrons ensemble avec Lui » (1Th 5.10 ; cf. Ap 1.18).

Le point est simple : notre espérance est fiable et digne de confiance parce qu'il y a un être humain positionné dans la présence même de Dieu qui est l'incarnation de notre espérance. Pour lui, c'est une expérience passée et présente, mais pour nous, c'est la vision de notre avenir, notre espérance encore à venir.

La science et l'eschatologie

Le conflit entre les théories scientifiques et la théologie biblique ne se limite pas au domaine des origines, mais inclut également le domaine de l'eschatologie biblique. Le sujet a fait l'objet de discussions entre scientifiques et théologiens. Au tournant du millénaire, un certain nombre de naturalistes, de théologiens et de philosophes se sont réunis pendant trois ans à Princeton et à Heidelberg pour discuter de l'interaction entre la compréhension scientifique actuelle du futur du cosmos et l'espérance biblique. Le résultat de cette consultation a été publié en 2000. Dans l'introduction du livre, John Polkinghorne et Michael Welker ont écrit : « [L'eschatologie] est particulièrement difficile pour le discours théologique et scientifique. Elle semble provoquer une division irréconciliable entre les sciences et la théologie en laissant entendre qu'il existe deux domaines distincts de réalité[10]. » Selon eux, l'eschatologie est beaucoup moins compatible avec les théories scientifiques que le créationnisme.

L'eschatologie et la science sont un domaine où les adventistes ont entrepris très peu de choses, probablement à cause de leur préoccupation première avec la doctrine biblique des origines. Mais la vérité est que la cosmogonie et la cosmologie contemporaines semblent remettre en question non seulement la vision biblique des origines mais aussi celle de l'avenir du cosmos. Pour beaucoup, les théories scientifiques démontrent qu'il n'y a pas d'avenir pour le cosmos parce qu'il prendra fin dans une catastrophe cosmique ; il gèlera ou grillera. L'idée est que la finitude du cosmos fait partie de sa structure même et qu'il s'effondrera donc sur lui-même. Les implications de ce point de vue pour le psychisme humain sont impossibles à comprendre. Selon ces théories, tout ce que nous faisons sur cette planète est insensé et absurde, sans justification possible. Rien ne sera préservé.

---

[10] John Polkinghorne, Michael Welker, *The End of the World and the Ends of God. Science and Theology on Eschatology*, Harrisburg, Trinity Press International, 2000.

Je dirais qu'il est difficile de parler définitivement de la fin future du cosmos. J'ai l'impression que nous sommes encore dans le domaine des spéculations bien informées, difficiles à démontrer. Le cosmos est immense et nous en savons si peu qu'il vaudrait mieux faire preuve d'une bonne dose d'humilité quant à la question de son devenir. En tant que croyants, nous devons prendre en considération la providence divine à un niveau cosmique comme le suggère la présence de l'Esprit du Seigneur au sein du cosmos avant la semaine de la création (Gn 1.2). Mais même si l'analyse scientifique est considérée comme capable de prédire ce qui semblerait être le destin logique d'un cosmos fini tel que nous le connaissons aujourd'hui, il faut garder à l'esprit que, selon l'eschatologie biblique, le cosmos existe dans l'espoir d'être « libéré de son esclavage de la corruption » (Rm. 8.20). La réalisation de cet espoir doit prendre le pas sur les prédictions scientifiques de sa mort. Avec la survenue d'un renouvellement, il y aura un avenir merveilleux pour le cosmos. Mon point principal dans cette discussion n'est pas de résoudre le défi, mais de nous encourager à faire face à ce défi particulier que rencontre l'eschatologie adventiste.

Conclusion

Qu'est-ce que l'eschatologie adventiste ? C'est une vision de l'avenir, identifiée comme l'espérance chrétienne, conçue dans l'esprit divin comme partie de son plan rédempteur, centrée sur le Christ, préservée dans les Ecritures et appropriée par la foi en la promesse divine. Elle n'est visible et accessible qu'en Christ, ce qui la rend absolument digne de confiance. Cette espérance est une manifestation de notre désir le plus profond de revenir à la maison, en présence de notre Créateur et Rédempteur. Mais en même temps, il exprime notre dégoût envers les conditions actuelles du monde qui, sous l'influence de puissances maléfiques, affligent l'humanité et s'opposent aux valeurs du royaume de Dieu. C'est en effet un problème cosmique et donc cette espérance ne concerne pas seulement l'avenir des humains sur cette planète. Puisque le problème est cosmique, sa résolution par le Christ revêt aussi des proportions cosmiques et culminera dans une théodicée cosmique. Dieu sera reconnu par tous comme un Père dévoué qui aime profondément ses créatures et leur procure toujours le meilleur. C'est précisément l'amour qui se manifeste dans l'extermination des méchants et qui met fin à la controverse.

L'espérance apocalyptique adventiste nous provient de Dieu et nous parle, nous qui sommes des créatures orientées vers l'avenir et qui attendons avec impatience le nouveau. Alors que l'espérance attend sa pleine réalisation, nous cherchons à vivre une vie sainte et à exprimer cette espérance au service des autres et de Dieu dans l'accomplissement de la mission de l'Eglise. Cette espérance apocalyptique a besoin d'être nourrie en en parlant, en n'oubliant pas sa proximité et en la partageant. L'avenir est glorieux : « Alors je vis un ciel nouveau et une terre nouvelle » (Ap 21.1). « Et j'entendis une voix forte du trône qui disait : "Voici, le tabernacle de Dieu est au milieu des hommes, et il demeurera au milieu d'eux ; ils seront son peuple, et Dieu lui-même sera parmi eux ; il essuiera toute larme de leurs yeux ; et il n'y aura plus de mort, ni deuil, ni cri, ni douleur ; car les premières choses ont disparu" » (Ap 21.3-4).

« Bientôt » ? Le langage de l'imminence eschatologique dans l'Apocalypse

Laszlo Gallusz[1]

Une caractéristique particulière du langage eschatologique de l'Apocalypse est l'accent mis sur la fin imminente de l'histoire, une idée qui n'est pas étrangère aux autres livres du Nouveau Testament[2]. Le dernier livre du canon biblique regorge du langage relatif à l'imminence, depuis le premier verset jusqu'au dernier. Cette emphase temporelle pose un problème à la lumière des presque deux millénaires qui se sont écoulés depuis la composition de l'Apocalypse. Comme le note Stefanovic, « 2000 ans d'attente ont mis à rude épreuve l'idée de vivre dans les 'derniers jours', mettant la foi et la persévérance chrétiennes sous haute tension[3] ». Pour cette raison, la question de l'interprétation prend ici toute sa valeur et revêt une importance capitale. Comment pouvons-nous comprendre l'insistance du livre en rapport avec une parousie imminente ? Comment y adhérer intelligemment après 2000 ans d'attente ?

Dans cet article, je vais identifier et analyser les expressions liées à l'imminence du retour de Jésus dans le livre de l'Apocalypse. Il n'est pas dans l'intention de ce document d'aborder le problème du retard de la seconde venue au regard de la théologie systématique. Il tentera plutôt d'éclairer le langage du livre de l'Apocalypse en le lisant selon ses propres termes. Cela signifie, tout d'abord, qu'il faut prêter attention non seulement aux détails exégétiques, mais aussi à la question du genre, puisque l'Apocalypse a vocation à être examinée à la lumière de textes précédents marqués par des similitudes et des caractéristiques identifiables. Deuxièmement, les déclarations faites dans l'Apocalypse doivent être abordées du point de vue du salut dans une

---

[1] Laszlo Gallusz, docteur en théologie, est professeur de Nouveau Testament à la Faculté adventiste de théologie de Belgrade (Serbie). Son article, rédigé en anglais, a été traduit par Bruno Vertallier.
[2] Voir par exemple Lc 18.8 ; Rm 16.20 ; 1P 4.7.
[3] Zdravko Stefanovic, « Delay? What delay? Seing the impending advent through oriental eyes », *Adventist Review*, (October 29, 1998), p. 68-70.

perspective historique, ce qui signifie les interpréter dans l'histoire globale racontée dans les Ecritures comme un cadre conceptuel large, « l'événement Christ » en étant le centre[4].

De temps en temps, les interprètes adventistes ont tenté d'apporter une réponse au problème de la prolongation de la période transitoire entre l'ascension de Jésus et sa seconde venue, mais leurs arguments ne sont généralement pas issus d'une analyse exégétique approfondie des passages concernant l'imminence. Au lieu d'accorder une attention particulière aux textes bibliques, les ouvrages traitant du problème du retard sont le plus souvent de simples réflexions, destinées à un grand public, essayant de fournir une explication pour la longue période d'attente[5]. Ainsi, cet article vise à répondre à un besoin au travers de son argumentation exégétique et de sa théologie biblique, en cherchant à contribuer à la discussion plus largement posée par la question du retard.

Le langage de l'imminence dans l'Apocalypse

Dans cette section, j'identifierai et étudierai six expressions dans l'Apocalypse concernant l'imminence. Alors que quatre de ces expressions sont concentrées dans le prologue et l'épilogue, les autres sont réparties tout au long du livre. Toutes n'ont pas la même force rhétorique, mais toutes contribuent à créer une atmosphère d'imminence qui est au cœur du livre de l'Apocalypse[6].

« Ce qui doit arriver bientôt » (Ap 1.1 ; 22.6)

Au commencement de l'Apocalypse, le contenu du message annoncé dans le livre est donné par Dieu avec l'intention de montrer à ses serviteurs « ce qui doit arriver bientôt » (*hà deî genésthai en táchei*, 1.1)[7] . Dans ce texte, qui présente l'idée principale du livre, l'assurance de la réalisation du plan de Dieu pour l'histoire humaine (*hà deî genésthai*) est liée à l'idée d'imminence (*en táchei*) : le triomphe des

---

[4] John Pekham, préconisant une approche canonique de la théologie, note à juste titre : « Chaque partie a un sens à la lumière du tout (et à la lumière de son centre, Jésus Christ) » (*Canonical theology. The biblical Canon, Sola Scriptura and theological method*, Grand Rapids, Eerdmans, 2016, p. 202).
[5] Voir par exemple Jonathan Gallagher, « The delay of the advent », *Ministry* (June 1981), p. 4-6 ; Arnold Valentin Wallenkampf, *The Apparent Delay*, Hagerstown, Review and Herald, 1994 ; Mario Veloso, « There is no delay », *Ministry* (December 1996), p. 6-8; Zdravko Stefanovic, « Delay? What delay? » ; Richard Lehmann, « 'How Long, O Lord, How Long?' », in Borge Schantz, Reinder Bruinsma (éd.), *Exploring the frontiers of faith. Festschrift in honour of Dr. Jan Paulsen*, Lueneburg, Advent-Verlag, 2009, p. 219-224 ; Jo Ann Davidson, « Delay and Promise », *Perspective Digest* 20 (2015/4).
[6] Grant Osborne, *Revelation*, Grand Rapids, Baker Academy, 2002, p. 54.
[7] Dieu est considéré comme la source ultime de la révélation. La fonction de Jésus-Christ est celle d'un agent de révélation qui transmet son contenu au peuple de Dieu.

intentions de Dieu, aboutissant à la défaite et l'élimination du mal, devrait avoir lieu bientôt. Puisque l'expression revient mot pour mot au tout début de l'épilogue (22.6), elle encadre le livre[8].

La phrase est une allusion à Daniel 2.28-29 (Septante) où le prophète, en conversation avec Nebucadnetsar, fait référence à Dieu, qui seul est capable de révéler les événements de l'avenir qui lui sont apparus dans un rêve[9]. Il existe toutefois une différence significative entre les deux textes en ce qui concerne le calendrier des événements prévus. Alors que dans Daniel l'accent est mis sur la nécessité de la réalisation du plan eschatologique de Dieu (*hà deî genésthai ep' eschátōn tôn hēmerôn*, « ce qui doit avoir lieu à la fin des temps »), dans l'Apocalypse, c'est l'imminence de son accomplissement qui est mise en évidence (*hà deî genésthai en táchei*, « ce qui doit avoir lieu bientôt »). Comme le fait remarquer Beale, le changement dans l'Apocalypse « n'est ni aléatoire ni sans but, mais il donne un aperçu de la relation que Jean voit entre l'Apocalypse et Daniel[10] ». Il indique que Daniel 2 et Apocalypse 1 sont liés en tant que promesse et accomplissement, puisque Jean met à jour le modèle de l'histoire de Daniel en observant que les prophéties données des siècles avant son temps ont commencé à se réaliser et arrivent à leur apogée. Ainsi, Jean fournit dans l'Apocalypse une mise à jour du schéma présenté par Daniel, l'étendant avec des détails supplémentaires pour les derniers jours[11]. La certitude de l'accomplissement des desseins de Dieu est indiquée par l'utilisation de *deî* (« il est nécessaire ») qui souligne le fait que l'histoire se déroule selon le plan de Dieu qui est le Seigneur souverain de sa création[12].

---

[8] Bien que Ap 1.1 et Ap 22.6 soient des doublons, la comparaison révèle quelques différences mineures. Voir David Aune, *Revelation*, Word Biblical Commentary 52a-c, Dallas, Word Books, 1997-1998, vol. 1, p. 1-14,

[9] L'Apocalypse fait plus allusion au livre de Daniel qu'à tout autre livre de l'Ancien Testament. Voir Gregory Beale, *The use of Daniel in Jewish apocalyptic literature and in Revelation ot St. John*, Lanham, University Press of America, 1984.

[10] Gregory Beale, *The book of Revelation*, Grand Rapids/Carlisle, Eerdmans/Paternoster, 1999, p. 153 ; cf. Kurt Erlemann, *Naherwartung und Parusieverzögung im Neuen Testament. Ein Beitrag zur Religiöser Zeiterfahrung*, Tübingen; Francke, 1995, p. 233.

[11] Le concept de « derniers jours » est synonyme de l'expression des « temps de la fin » qui ont été inaugurés à Pâques (voir note 46).

[12] Dans le champ sémantique de ce concept, Ap 1.19 utilise *méllei* (« il est sur le point de »). Pour une vue d'ensemble des diverses expressions théologiques impliquant la royauté souveraine de Dieu comme l'aspect fondamental du théisme du livre, voir Laszlo Gallusz, *The throne motif in the book of Revelation*, London, T&T Clark, 2014, p. 301-306.

« Le temps est proche » (Ap 1.3 ; 22.10)

La raison pour laquelle il faut prêter attention aux paroles prophétiques de l'Apocalypse est clairement énoncée dans la première béatitude du livre : « Heureux celui qui lit, et ceux qui écoutent les paroles de la prophétie et gardent ce qui s'y trouve écrit, car le temps est proche » (*ho gàr kairòs engýs*, 1.3). La phrase est répétée mot pour mot dans l'épilogue (22.10)[13]. Dans les deux contextes, elle est fortement liée à l'objectif d'exhortation du livre, qui implique que la vision apocalyptique de la réalité va de pair avec la responsabilité éthique[14]. La réponse appropriée à la proximité du temps implique une participation active de la part des destinataires de l'Apocalypse : garder ce qui est écrit dans les prophéties du livre (1.3 ; 22.7), adorer Dieu (22.9) et vivre dans la justice (22.11,14).

L'expression *ho gàr kairòs engýs* est « une expression exagérée de l'imminence », car le temps n'est pas simplement perçu comme venant bientôt (1.1 ; 22.6), mais comme étant déjà « proche » de son accomplissement[15]. C'est pourquoi chaque minute du présent et de l'avenir est chargée d'une signification majeure, parce que « le moment » est « proche », il est constamment en mouvement[16]. L'utilisation de *kairòs* met en évidence un point temporel d'une importance particulière dans le plan de Dieu, puisque son utilisation est de nature qualitative[17]. Le terme est une expression technique eschatologique importante qui dégage une atmosphère de fin des temps dans un certain nombre de textes bibliques. Ainsi, dans Daniel 7.22 (Septante) l'expression *ho kairòs edóthē* (« le temps est fixé ») fait référence au temps eschatologique où les saints recevront le royaume. Un parallèle beaucoup plus proche se trouve dans la déclaration programmatique de la prédication de Jésus en Marc 1.15, dans laquelle l'inauguration du royaume de Dieu est annoncée en mettant l'accent sur la signification qualitative du temps présent (*peplḗrōtai ho kairòs kaì ḗngiken hē basileía toû theoû*, « le temps est accompli et le royaume de Dieu est proche »).

---

[13] Le terme *engýs* (« proche ») n'apparaît que dans ces deux textes de l'Apocalypse, les deux fois à des endroits critiques.
[14] Brian Blount note à juste titre le lien entre le langage de l'imminence et le but exhortatif du livre : « L'attente d'une arrivée imminente du jugement de Dieu correspond à l'humeur exhortative du livre. Puisque Dieu est en route, et pour très bientôt, il faut agir de la manière éthique qu'exige le livre » (*Revelation*, Louisville, Westminster John Knox, 2009, p. 30). Le lien entre la proximité de la seconde venue et une vie responsable est fréquent dans le Nouveau Testament (par exemple Rm 13.12 ; He 10.25 ; Jc 5.8 ; 1P 4.7).
[15] Gregory Beale, *The book of Revelation*, p. 185.
[16] Stephen Smalley, *The Revelation to John. A commentary on the Greek text of the Apocalypse*, London, SPCK, 2005, p. 31.
[17] Sur la signification de *kairòs*, voir Gerhard Delling, « καιρός », in Gerhard Kittel (éd.), *Theological Dictionnary of the New Testament*, vol. 3, Grand Rapids, Eerdmans, 1965, p. 455-464.

L'aspect actuel est également au tout premier plan dans Apocalypse 1.3, mais avec une signification quelque peu différente : tandis que le texte de Marc souligne l'avènement du royaume de Dieu dans le ministère de Jésus, l'Apocalypse met l'accent sur le triomphe final de Dieu sur les forces du mal qui peuvent être attendues dans un avenir immédiat[18].

« Ne scelle pas ! » (Ap 22.10)

Le commandement : « Ne scelle pas les paroles de la prophétie »[19], rattaché en Apocalypse 22.10 à l'expression de l'imminence (« le temps est proche »), contraste délibérément avec l'instruction donnée à Daniel à la fin de son livre : « Fermez les paroles, et scellez le livre jusqu'au temps de la fin » (Dn 12.4 ; cf. 8.26 ; 12.9). Les implications de la prophétie de Daniel concernant le déroulement de l'histoire humaine et l'établissement du royaume de Dieu (comment les événements prophétisés seront accomplis) n'ont pas été pleinement comprises par le prophète (8.28 ; 12.8-9), mais il lui avait été fait savoir que la fin des temps n'était pas encore venue (12.13). Le sceau des prophéties de Daniel « jusqu'à la fin » indique que ses visions ne seraient pas accomplies, ni pleinement comprises, avant l'eschaton[20]. A la lumière du contexte daniélique, l'interdiction de sceller les prophéties de l'Apocalypse renvoie à la notion d'imminence, puisque non seulement le caractère ouvert du livre est indiqué, mais surtout à l'arrivée du temps de la fin annoncée dans Daniel. Ainsi, le temps de l'écriture du livre de l'Apocalypse est considéré comme un temps de dévoilement des anciens secrets.

Le motif du scellement/dévoilement indiquant l'arrivée du temps de la fin n'est caractéristique que de Daniel et de l'Apocalypse, bien que l'idée de révélation cachée jusqu'à l'eschaton ne soit pas unique dans la littérature biblique. David Aune démontre que trois passages de 4 Esdras sont en étroite relation avec le motif de l'Apocalypse, dans lesquels il est dit au voyant d'écrire ses visions dans un livre qui doit être révélé à la fin des temps à ceux qui sont sages (4 Esdras 12.37 ; 14.5-6,45-46[21]). En outre, l'idée d'une divulgation différée du contenu d'un livre de révélation est un motif connu apparaissant dans un certain nombre

---

[18] Pour la signification du « déja et pas encore » dans la pensée du Nouveau Testament, voir Jon Paulien, *What the Bible says about the end-time*, Hagerstown, Review & Herald, 1998, p. 75-83.

[19] L'orateur est un *angelus interpres*, qui réapparaît en Ap 22.6 et se présente à Jean comme un « compagnon de service » (*sýndoulós*), refusant qu'un culte lui soit adressé (22.9).

[20] Zdravko Stefanovic souligne que « le scellement temporaire du rouleau est nécessaire à la préservation et à l'authenticité car le temps de la fin est lointain dans le futur » (*Daniel. Wisdom to the Wise. Commentary on the Book of Daniel*, Nampa, Pacific Press, 2007, p. 437).

[21] David Aune, *Revelation*, vol. 3, p. 1216.

d'œuvres apocalyptiques pseudépigraphiques (Gos. Eg. 68.1-9 ; T. Mos. 1.17-18 ; Disc. 8-9).

« Je viens bientôt » (Ap 22.7,12,20)

Dans l'épilogue de l'Apocalypse (22.6-21), il y a une série de promesses concernant le retour imminent de Jésus. Alors que Jésus est globalement silencieux tout au long de la partie principale du livre (à l'exception de l'exhortation en 16.15), dans l'épilogue il parle personnellement à trois reprises. Les trois discours soulignent sa venue prochaine en utilisant la formule érchomai tachý (« je viens bientôt »[22]). Dans les deux premières références, la formule est précédée de la particule démonstrative idoú (« voici », 22.7,12) qui souligne la fiabilité de l'adage, alors que dans la troisième, la promesse est ancrée par la particule affirmative d'introduction naí (« sûrement », 22.20). Le but rhétorique de la triple répétition ne doit pas être négligé. En soulignant avec emphase la venue prochaine de Jésus, un point culminant majestueux est donné à l'ensemble du livre. Puisque l'Apocalypse est un livre dans lequel des modèles numériques sont utilisés pour transmettre des accents théologiques, le fait que érchomai est mentionné sept fois dans l'épilogue (22.7,12,17[3x],20[2x]) ne peut être accidentel[23]. Le terme fonctionne comme une sorte de leitmotiv qui fait de la préoccupation théologique principale du livre son point focal[24].

Le érchomai tachý final est suivi d'une réponse de la communauté chrétienne (représentée par l'auteur), qui prend une forme liturgique. La réponse est introduite par amén, une autre particule d'affirmation bien connue : Amén, érchou kýrie Iēsoû (« Amen, viens Seigneur Jésus ! », 22.20). La phrase apparaît comme

---

[22] Comme le note Ranko Stefanovic, « L'utilisation du présent futuriste souligne la certitude et l'imminence d'un événement, en l'occurrence la seconde venue » (Revelation of Jesus Christ, Berrien Springs, Andrews University Press, 2009, p. 616). Le présent futuriste de érchomai est utilisé 14 fois dans l'Apocalypse (1.4,7,8 ; 2.5,16 ; 3.11 ; 4.8 ; 7.14 ; 9.12 ; 11.14 ; 16.16 ; 22.7,12,19) et il ne se rapporte pas toujours à la parousie. [Note de l'éditeur : le présent futuriste (futuristic present) fait référence à une pratique qui, dans diverses langues, consiste à utiliser le présent pour des événements futurs].
[23] Cela est mis en évidence par James Resseguie, The Revelation of John. A Narrative commentary, Grand Rapids, Baker Academic, 2009, p. 260. Pour les modèles numériques les plus importants de l'Apocalypse et leur signification théologique, voir Richard Bauckham, The climax of prophecy. Studies on the book of Revelation, London, T&T Clark, 1993, p. 29-37.
[24] Puisque le thème de la « venue » est fondamental non seulement pour l'épilogue, mais aussi pour le prologue (1.4,7,8), Jacques Doukhan a raison d'affirmer que l'auteur de l'Apocalypse « utilise l'inclusion pour indiquer dans l'introduction et dans la conclusion la vérité fondamentale qui a inspiré et dirigé l'œuvre entière » (Jacques Doukhan, Secrets of Revelation. The Apocalypse through Hebrew eyes, Hagerstown, Review & Herald, 2002, p. 200). Pour les différences de développement du thème de la « venue » entre le prologue et l'épilogue, voir p. 200-202.

la traduction du *maranatha* araméen[25], l'une des plus anciennes prières de foi (voir 1Co 16.22 ; Did 10.6)[26]. David Aune note que la seconde personne du singulier du présent de l'impératif *érchou* (« Viens ! ») est une forme grammaticale inhabituelle, parce que les impératifs sont rares dans les prières du Nouveau Testament et dans la littérature chrétienne du début du deuxième siècle. Comme en grec koinè le présent de l'impératif est caractéristique en situation de stress émotionnel intense, l'utilisation de *érchou* en réponse à l'affirmation finale de la venue prochaine est « peut-être de communiquer une urgence affective au public[27] ». Cependant, le fait de presser la venue de la parousie n'est pas l'initiative de Jean, parce que la formule de l'imminence est d'abord utilisée par Jésus lui-même, révélant ainsi son fort désir de venir[28].

« Un peu de temps » (Ap 6.11 ; 12.12 ; 20.3)

Malgré son caractère entièrement liturgique, l'Apocalypse ne contient qu'une seule prière de supplication[29], dont le contenu est lié à la question du temps : « Jusques à quand, Seigneur souverain, saint et vrai, jusqu'à ce que tu juges et venges notre sang sur les habitants de la terre ? » (6.10). Le fait que la pétition apparaisse comme un cri exprimé d'une voix forte (*ékraxan phônêi megálēi*) rend son contenu emphatique[30]. Tonstad note à juste titre que la question reflète

---

[25] Sur la signification de ce terme et sa fonction dans le vocabulaire de l'Eglise chrétienne primitive, voir aussi Martin Hengel, *Abba, Maranatha, Hosanna und die Anfänge der Christologie. Kleine Schriften IV*, Tübingen, Mohr Siebek, 2006, p. 496-534.
[26] Il a été affirmé que la phrase liturgique dans l'Apocalypse reflète un cadre eucharistique (par exemple Jürgen Roloff, *Revelation*, Minneapolis, Fortress, 1993, p. 253 ; George Beasley-Murray, *The Book of Revelation*, Grand Rapids, Eerdmans, 1978, p. 349), ou même la venue de Jésus dans la présence eucharistique (par exemple Gerhard Krodel, *Revelation*, Minneapolis, Augsbourg, 1989, p. 378 ; Wilfrid Harrington, *Revelation*, Collegeville, Liturgical, 1993, p. 226). Cependant, le manque de langage eucharistique en Ap 22.5-21 et la forte insistance sur le second avènement indiquent un désir passionné de la venue eschatologique de Jésus.
[27] David Aune, *Revelation*, vol. 3, p. 1234 ; cf. Grant Osborne, *Revelation*, p. 797.
[28] Outre la triple référence dans l'épilogue d'Apocalypse 22.7,12,20, la phrase *érchomai tachý* se retrouve dans deux autres textes des messages aux sept Eglises (2.16 ; 3.11), mais avec un sens quelque peu différent. En 2.16, il est fait référence à une venue en jugement contre les faux docteurs, tandis qu'en 3.11, la venue du Christ est liée à la fortification des croyants au milieu d'une crise qu'ils sont sur le point de traverser (3.10), même si une allusion à la seconde venue est probablement aussi incluse. Il y a aussi plusieurs textes dans la même vision dans lesquels la référence à la « venue » de Jésus n'est pas de nature eschatologique mais se réfère surtout à ses venues invisibles au cours de l'ère chrétienne qui culmine avec son apparition personnelle à la parousie finale (2.5,16 ; 3.3). La « venue » du Christ vers ces Eglises est conditionnelle selon la réponse des communautés aux messages d'exhortation.
[29] John Heil, « The fith seal (Rev 7,9-11) as the key of the book of Revelation », *Biblica* 74 (1993/2), p. 220-243.
[30] Dans l'Apocalypse, pleurer d'une voix forte est caractéristique des anges qui se font l'écho de la volonté de Dieu (7.2 ; 10.3 ; 14.15 ; 18.2 ; 19.17), et des élus qui se tiennent debout devant le trône céleste pour louer Dieu pour le salut qu'il a apporté (7.10).

« un sentiment de détresse face à la justice retardée[31] ». En réponse, les saints sont assurés que leur justification n'est pas inaudible : on leur dit de « patienter encore un peu » (*anapaúsontai éti chrónon mikrón*, 6.11)[32]. La réponse indique clairement que « la souffrance n'est pas le fruit du hasard, elle n'est pas dénuée de sens. Il y a un plan cosmique, il y a une providence divine[33] ». Si la vengeance de Dieu ne sera pas immédiate, elle viendra bientôt : juste un « court laps de temps » (*chrónon mikrón*) avant que l'ordre moral de l'univers ne soit restauré.

L'expression « court laps de temps » apparaît aussi en référence aux activités de Satan après sa chute du ciel (12.12). Le fait que Dieu ait mis une limite temporelle à son activité destructrice suscite la colère de Satan et comme il « a peu de temps » (*olígon kairòn échei*), il intensifie ses efforts. L'expression indique de manière explicite « une attente de l'accomplissement imminent du royaume et de la défaite finale de Satan ». Comme le note Stefanovic, l'expression « a ici une signification qualitative plutôt que quantitative » indiquant que « le temps de Satan est limité et terminé[34] ». Cette période « courte » s'étend cependant de la défaite à la croix jusqu'au destin final à la fin des temps (20.10). Il inclut la période de « trois temps et la moitié d'un temps » prédite par Daniel et répétée dans l'Apocalypse[35], et la période prolongée donnée pour la prédication (10.11) quand « le temps ne sera plus » (*chrónos oukéti éstai*, 10.6[36]).

Il est également affirmé dans l'Apocalypse qu'à la fin du millénium, Satan disposera d'un délai supplémentaire, également qualifié de « court laps de temps » (*mikròn chrónon*, 20.3), qu'il utilisera pour tromper Gog et Magog avant

---

[31] Sigve Tonstad, *Saving God's reputation. The theological function of pistis Iesou in the cosmic narrative of Revelation*, London, T&T Clark, 2006, p. 134.
[32] Bien que le sens de base de *anapaúō* soit « se reposer, se détendre », on peut le traduire ici par « être patient », puisque le repos des « âmes », dans l'attente de la justification de Dieu est la démonstration de leur « patience » à l'égard du plan du salut de Dieu. De même, Robert Bratcher et Howard Hatton notent que « ici le repos signifie non seulement ne pas avoir à travailler ou à lutter, mais aussi être libre de l'anxiété et de la détresse face à la peine de leurs assassins » (*A Handbook on the Revelation to John*, New York, United Bible Societies, 1993, p. 117).
[33] Adela Yarbro Collins, *The Apocalypse*, Dublin, Veritas, 1079, p. 48.
[34] Gregory Beale, *The book of Revelation*, p. 667.
[35] Cette période de temps se présente sous trois formes : « trois temps et la moitié d'un temps » (Dn 7.25 ; 12.7 ; 12.14), quarante-deux mois (11.2 ; 13.5) et 1260 jours (11.3 ; 12.6). Comme l'exprime Ranko Stefanovic, la désignation des quarante-deux mois est toujours négative dans l'Apocalypse, car elle est associée à l'oppression des méchants. Inversement, les 1260 jours sont toujours associés au peuple de Dieu qui, bien qu'opprimé, témoigne dans le monde (*Revelation of Jesus Christ*, p. 347).
[36] Apocalypse 10.6 est une allusion à Daniel 12.7, qui fournit une clef pour comprendre l'expression. Jean indique clairement que la période de persécution prophétisée par Daniel est terminée, de sorte que ses prophéties temporelles ne s'appliquent pas à l'avenir.

sa destruction finale (20.8)[37]. Dans tous ces textes, comme dans le cas de la promesse faite dans le chapitre 6 verset 11, le projet de Dieu apparaît au premier plan comme un principe fondateur, qui suppose que le Seigneur souverain de l'univers fixe des limites à l'œuvre du mal et supervise le flux de l'histoire humaine le dirigeant vers la résolution finale de la dissonance éthique apportée par le péché.

« Cinq sont tombés, un est tombé » : vivre au temps du sixième roi (Ap 17.10).

Une des réponses les plus claires de l'Apocalypse à la question « combien de temps ? » est donnée dans Apocalypse 17.9-11. Selon ce passage, les récipiendaires de l'Apocalypse vivent au temps du sixième roi, et un seul autre est à venir dans la séquence des sept rois. Puisque dans le symbolisme apocalyptique, les « rois » représentent généralement des « royaumes » ou des « empires », et non des individus isolés (voir Dn 7. 17), les interprètes adventistes du septième jour ont toujours considéré les sept rois comme représentant « une série de sept pouvoirs ou empires mondiaux successifs qui ont opprimé le peuple de Dieu à travers l'histoire depuis l'établissement de son Eglise avec Israël jusqu'à la seconde venue[38] ». Dans le contexte de la fin du premier siècle, l'expression « l'un est » (*ho heîs éstin*, 17.10) semble se référer à l'Empire romain qui gouverne le monde à l'époque de Jean[39]. Les cinq royaumes « tombés » sont les empires qui ont gouverné le monde et opprimé le peuple de Dieu avant l'époque de Jean : l'Egypte, l'Assyrie, Babylone, la Perse et la Grèce. L'affirmation selon laquelle Jean et les premiers destinataires de l'Apocalypse vivent à l'époque du sixième roi évoque le sentiment d'une fin imminente, d'autant plus qu'il est dit du règne du septième roi à venir que « lorsqu'il viendra, il ne doit rester que peu de temps » (17.10).

La question est cependant plus complexe qu'il n'y paraît. Tandis que le règne du septième roi dure jusqu'à la fin, il est étonnamment décrit aussi comme le « huitième roi » (17.11). Cela semble un paradoxe logique, mais une période d'absence durant le règne du septième roi, correspondant à la blessure mortelle de la bête (13.3), explique la confusion apparente. La ré-intronisation du

---

[37] Sur l'utilisation intertextuelle de la prophétie de Gog et Magog dans l'Apocalypse, voir Jiri Moskala, « Toward the fulfillment of the Gog and Magog prophecy of Ezekiel 38-39, *Journal of the Adventist Theological Society* 18 (2007), p. 243-273.
[38] Ranko Stefanovic, *Revelation of Jesus Christ*, p. 520. Jon Paulien conclut à juste titre : « La bête existe elle-même en sept (ou huit) phases consécutives, chacune ayant sa propre tête. Quand Jean voit la bête dans la vision (Ap 17.3), elle est dans sa huitième phase. Mais les sept têtes qu'il voit sont des échos des sept phases précédentes » (*Armagedon at the Door*, Hagerstown, Autumn House, 2008, p. 211).
[39] Kenneth Strand, « The Seven Heads. Do they represent Roman Emperors ? », in Frank Holbrook (éd.), *Symposium on Revelation*, Book 2, Silver Spring, Biblical Research Institute, 1992, p. 177-206.

septième roi après une rupture de son règne (guérison de la blessure mortelle ; 13.4) inaugure une nouvelle phase de sa domination (huitième roi), qui dure jusqu'à la fin et se caractérise par une influence intense et globale (17.12-14). Indépendamment de la complexité interprétative du passage, la déclaration d'Apocalypse 17.10 émane clairement d'un sentiment d'imminence eschatologique, qui n'est pas diminué par l'histoire complexe du « septième » (ou « huitième ») roi.

Lire le langage de l'imminence de l'Apocalypse

Comme nous l'avons démontré plus haut, le livre de l'Apocalypse est imprégné du langage de l'imminence du tout début à la fin. La perspective du livre est celle d'une fin eschatologique rapide. A la lumière de l'attente de près de deux millénaires pour la seconde venue, Jean se serait-il trompé sur le caractère temporel de l'histoire post-pascale ? Non. Alors, comment comprendre le langage de l'Apocalypse de l'imminence ? Dans ce qui suit, je suggère de prêter attention à trois considérations qui clarifient la nature du langage eschatologique de Jean et mettent en lumière, je crois, son concept de « proximité ».

Une lecture dans le contexte de l'apocalyptique juive

Tout d'abord, le langage de l'imminence de l'Apocalypse doit être interprété dans le contexte de la pensée apocalyptique juive[40]. La question du genre est d'une grande importance, car les mauvaises interprétations sont souvent le résultat d'une mauvaise conception de la manière dont le processus de lecture doit fonctionner[41]. Alors que l'Apocalypse de Jean se distingue d'autres apocalypses à plusieurs égards, à la fois en termes de forme et de contenu, le degré élevé de continuité générique indique une catégorisation du livre comme une apocalypse[42]. Il est bien connu que le langage de l'imminence est une caractéristique inhérente aux œuvres appartenant au genre apocalyptique. Bauckham fait remarquer ceci :

---

[40] Cela a été signalé par August Strobel, *Untersuchungen zum eschatologischen Verzögerungsproblem auf Grund der Spätjüdisch-urchristlichen Geschichte von Habakuk 2.2ff*, Leiden, Brill, 1961 ; Richard Bauckham, *The Jewish world around the New Testament*, Tübingen, Mohr Siebeck, 2017, p. 65-88.

[41] Pour un aperçu des récentes discussions sur le genre de l'Apocalypse, voir John Collins, « Revelation as Apocalypse », in Adela Yarbro Collins, *New perspectives on the book of Revelation*, Louvain, Peters, 2017, p. 33-48.

[42] En raison de l'importance des éléments prophétiques et épistolaires, il a été démontré que trois genres différents sont fusionnés dans l'Apocalypse : la lettre, la prophétie et l'apocalypse, qui sont combinés de manière créative. Voir Richard Bauckham, *The theology of the book of Revelation*, Cambridge, Cambridge University Press, 1993, p. 1-17 ; Craig Koester, *Revelation*, New Haven, Yale University Press, 2014, p. 104-112.

« Il suffit de dire qu'à chaque génération, entre le milieu du IIe siècle av. J.-C. et le milieu du IIe siècle après J.-C., les apocalyptistes juifs ont encouragé leurs lecteurs à espérer la rédemption eschatologique dans un avenir très rapproché, ce qui va un peu plus loin que les faits. En même temps, il y a très peu de preuves qui suggèrent que pendant cette longue période, la déception continue de cette attente a discrédité l'espoir apocalyptique ou même diminué le sentiment d'imminence dans les générations suivantes[43] ».

La raison pour laquelle il faut préserver l'espoir fervent d'une délivrance imminente de génération en génération réside dans la nature des attentes apocalyptiques. En effet, la foi apocalyptique a maintenu un équilibre entre les concepts d'imminence et de retard, ce qui a permis de faire face au problème du temps.

Un des exemples les plus clairs de cette tension se trouve dans l'Apocalypse de Baruch. Alors que l'œuvre est imprégnée de la notion d'imminence (20.1,6 ; 23.7 ; 48.39 ; 54.17 ; 82.2 ; 83.1 ; 85.10), avec la question « combien de temps ? » qui y figure également de manière significative (81.3 ; cf. 21.19), des facteurs théologiques qui expliquent le retard sont indiqués. Ainsi le sentiment d'urgence en raison de l'attente imminente est contrebalancé par l'accent mis sur le fait que la fin ne viendra qu'au moment fixé par le Dieu souverain. Cette perspective est véhiculée par la répétition de l'expression « en son temps » (5.2 ; 12.4 ; 13.5 ; 20.2 ; 51.7 ; 54.1 ; cf. 42.8).

La signification de cette caractéristique de la pensée apocalyptique pour l'interprétation de la perspective temporelle de l'Apocalypse est que le langage de l'imminence du livre ne doit pas être lu séparément. Sa tension avec le motif du retard doit être prise en compte, car le livre développe non seulement un « horizon d'imminence », mais aussi une perspective de « pas encore »[44]. Les expressions de l'imminence de l'Apocalypse sont équilibrées par la série des sceaux (6.1-8.1) et des trompettes (8.6-11.18), qui dépeignent d'une manière schématique l'avancée progressive de l'histoire du salut vers l'eschaton. De même, les récits décrivant les scénarios de fin des temps (ch. 12 à 19) indiquent que la fin n'est pas si proche que cela. La période prophétique de 1260 jours a une fonction similaire, mais elle souligne aussi le fait que Dieu, dans sa souveraineté, a limité la domination du mal et qu'il supervise le développement des affaires du monde.

James Resseguie note que la tension fait même partie d'un des thèmes majeurs de Dieu dans le livre : *ho ṑn kaì ho ễn kaì ho erchómenos* (« Celui qui était, qui est et

---

[43] Richard Bauckham, *The Jewish world around the New Testament*, p. 66.
[44] De même, Hans Werner Günther met en évidence le caractère dialectique de l'eschatologie du livre (*Der Nah- und Enderwartungshorizont in der Apokalypse des heiligen Johannes*, Würtzburg, Echter, 1980, p. 263-281).

qui doit venir », 1.4,8 ; 4.8). Il est clair que la troisième partie de la formule donne au titre une dynamique explicite, puisque le « qui sera » attendu est remplacé par le participe présent de « venir » (« celui qui vient »)[45]. Ainsi, même au nom de Dieu, le présent et l'avenir sont réunis dans une tension, en référence à la parousie.

Une lecture du salut en lien avec l'histoire

Deuxièmement, les expressions de l'imminence de l'Apocalypse doivent être interprétées dans le cadre plus large de la méta-histoire biblique, en particulier à la lumière de Pâques, le grand tournant de l'histoire du salut, qui a fait entrer le monde dans l'ère des derniers temps[46]. Comme l'a démontré Cullmann, l'événement Jésus-Christ a donné au temps un nouveau centre à l'histoire du salut[47]. Evénement culminant de l'histoire de l'humanité, c'est l'ancre de l'espérance pour l'humanité, qui a insufflé une atmosphère de fraîcheur et de nouveauté dans la période qui a suivi la croix. En tant qu'ère nouvelle, cette période est qualitativement différente de la période pré-pascale, car avec la résurrection du Christ, la « nouvelle création » de fin des temps a été inaugurée et elle a été accordée à l'humanité pour expérimenter l'avant-goût et la puissance du royaume de Dieu.

Dans la nouvelle création apportée par l'événement Jésus-Christ, non seulement le sens de l'histoire humaine a été redéfini, mais le concept du temps a également reçu un nouveau sens. A l'occasion de la victoire sur la croix, suivie de la résurrection comme sceau et de la Pentecôte comme signe de l'intronisation céleste du Christ, le triomphe de Dieu sur les forces du mal est rendu définitif. Puisque l'issue du conflit cosmique est résolue et que le prochain événement historique majeur pour le salut est la seconde venue du Christ, le temps est clairement « court ». Après l'apogée des événements de Pâques et de Pentecôte, la *parousie* n'est plus qu'à un pas, elle est donc qualifiée d'événement « proche ». Gregory Beale conclut à juste titre : « Que cet événement se produise dans un an

---

[45] Contrairement à ce qu'affirme James Resseguie, *erchómenos* ne doit pas être considéré en termes d'eschatologie inaugurée, comme une référence à « l'entrée de Dieu dans le temps présent, surprenant les auditeurs/lecteurs hors de l'ordinaire et les éveillant à de nouvelles voies » (*The Revelation of John*, p. 63). Il semble plus approprié d'interpréter l'expression comme une référence à la venue eschatologique du Christ, qui « viendra » à la fin des temps pour juger et sauver.

[46] Pour une analyse approfondie du concept biblique de la fin des temps et de son inauguration à Pâques, voir Gregory Beale, « The eschatological conception of New Testament theology », in Kent Brower, Mark Elliott (éd.), *'The reader must understand'. Eschatology in Bible and theology*, Downers Grove, Apollos, 1997, p. 11-52.

[47] Oscar Cullmann, *Christ et le temps. Temps et histoire dans le christianisme primitif*, Neuchâtel, Delachaux et Niestlé, 1947. Sa thèse a été vivement critiquée par Ernst Fuchs, « Christus das Ende der Geschichte », in *Zur Frage nach dem historischen Jesus*, Tübingen, Mohr, 1965, p. 79-99.

ou dans cinq mille ans, on pourrait encore le qualifier de « proche », car c'est le prochain événement majeur qui doit se produire dans l'ordre décrété du plan rédempteur de Dieu[48].

Une lecture à la lumière de la fonction du langage apocalyptique

Troisièmement, le langage de l'imminence de l'Apocalypse doit être compris en relation avec la fonction du modèle de pensée apocalyptique. Le livre de l'Apocalypse a été écrit dans un but d'encouragement pastoral et vise à révéler la vérité en racontant une histoire dans laquelle le peuple de Dieu découvre qui il est et ce qu'il doit faire[49]. L'époque actuelle du royaume inauguré est décrite comme un temps de veille, de repentir et de proclamation de l'évangile par lequel le peuple de Dieu doit parvenir à la victoire (2.7,11,17,26 ; 3.5,12,21). Le langage apocalyptique de l'imminence n'est pas employé dans l'Apocalypse pour générer une excitation immature, mais dans le but d'ouvrir les yeux du peuple de Dieu afin qu'il voit clairement l'importance majeure de la période de l'histoire dans laquelle il vit et de sentir l'urgence d'agir en harmonie avec le plan de Dieu dans la réalisation de la tâche qui lui a été confiée. Par conséquent les expressions de l'imminence ne doivent pas être considérées avant tout comme des déclarations temporelles soumises à l'évaluation des mesures humaines du temps. Elles sont plutôt à considérer comme des messages d'avertissement pour exprimer la confiance dans l'accomplissement des promesses de Dieu, l'appel à la vigilance et à la sobriété, l'appel à la décision et à des encouragements en vue des souffrances et des persécutions[50]. Ainsi, le langage de l'imminence a une fonction expressive et pragmatique, qui va au-delà de la transmission d'informations sur les dimensions temporelles de la réalité. Ce langage apocalyptique cherche à inciter le peuple de Dieu à la fidélité et au dévouement face à une crise, et en générant un sentiment d'urgence, il vise à concentrer son attention sur l'accomplissement de la tâche que Dieu lui a confiée.

Conclusion

Cette étude a démontré que le livre de l'Apocalypse, à la manière des anciennes œuvres apocalyptiques, est imprégné du langage de l'imminence. Cependant, on ne peut pas conclure que l'auteur de l'Apocalypse prônait l'idée du retour de Christ durant le temps de sa génération ou peu après sa mort. L'argumentaire

---

[48] Gregory Beale, *The book of Revelation*, p. 1135.
[49] Adela Yarbro Collins, « Reading the book of Revelation in the twentieth century », *Interpretation* 40 (1986), p. 229-242.
[50] Jörg Frey, « New Testament Eschatology - An introduction. Classical issues, disputed themes and current perspectives », in Jan van der Watt (éd.), *Eschatology of the New Testament and some related documents*, Tübingen, Mohr Siebeck, 2011, p. 3-32 (29).

présenté dans cet article a démontré que le langage de l'imminence de l'Apocalypse n'est pas employé dans le but de fournir des déclarations temporelles mesurables selon les catégories humaines du temps, mais qu'il doit être interprété dans le contexte de la littérature apocalyptique juive et dans le cadre de pensée de l'histoire du salut qui animait les auteurs bibliques. Il a été démontré que l'emploi du langage de l'imminence a un but exhortatif, puisque le temps semble court en cas d'urgence, et qu'il est interminable si quelque chose n'est pas pertinent ou ennuyeux. En même temps, vivre entre Pâques et le second avènement de Jésus signifie vivre dans la fin des temps, ce qui est court, non seulement parce que la tâche attribuée au peuple de Dieu est urgente, mais aussi parce que l'événement culminant de l'histoire est passé et que la prochaine étape majeure dans l'histoire du salut est le retour du Christ.

Education et eschatologie.
Pourquoi l'éducation théologique est-elle nécessaire ?

Jiri Moskala[1]

C'était, je m'en souviens avec précision, l'époque où j'avais six ans. J'allais à l'Eglise par un beau sabbat matin d'été ensoleillé. En chemin, j'ai rencontré un ancien, une personne de qualité que beaucoup admiraient. Il m'a demandé quels étaient mes plans d'avenir. Avec beaucoup d'enthousiasme je lui ai dit que dans trois mois je m'inscrirai en première année à l'école. Il se tourna vers moi, fit une pause et me dit : « Jiri, il est probable que tu n'iras pas en classe parce que Jésus revient bientôt ». Et il ajouta ensuite : « Et à coup sûr, tu ne finiras pas tes classes élémentaires avant que Jésus ne revienne ». J'entends encore ces mots stupéfiants aussi clairement que s'il me les disait aujourd'hui. Bon ! Non seulement j'ai terminé mes classes élémentaires, mais également le lycée et l'université. Et en plus je suis devenu professeur à Andrews University, y exerce la fonction de doyen du Séminaire théologique et prendrai ma retraite dans quelques années. Et Jésus n'est toujours pas revenu !

En dépit de ce fait, Jésus-Christ a clairement promis : « Je viens bientôt » (Ap 22.20). Nous savons tous que ce qui est crucial dans cette perspective n'est pas de savoir *quand* Jésus reviendra, mais qu'il reviendra *vraiment*. Christ l'a dit et par conséquent cela arrivera (Mt 16.27 ; 24.27-30 ; 25.31 ; Jn 5.25-29 ; 14.1-3,18) ! Certes ce « bientôt » dure depuis presque deux millénaires, mais la réalité est qu'il viendra. Nous nous sentons frustrés parce qu'il est évident que nous attendons depuis plus longtemps que ceux qui nous ont précédés et plus encore que ce que nous espérions.

---

[1] Jiri Moskala, docteur en théologie, est professeur d'exégèse et de théologie de l'Ancien Testament et doyen du *Seventh-day Adventist Theological Seminary* de l'Univésité Andrews à Berrien Springs (Michigan, Etats-Unis). Son article, rédigé en anglais, a été traduit par Claude Villeneuve.

En quoi tout cela concerne-t-il l'éducation ? Il y a un lien très étroit. Malheureusement certaines personnes, qui croient au proche retour du Christ, sont contre l'éducation, contre l'évolution sociale, contre le progrès ; et la difficulté est que ce petit groupe (une minorité) se fait beaucoup entendre. Pour ces croyants, l'éducation est perçue comme quelque chose d'inutile, comme si c'était un superflu, un détournement et une obstruction à la mission. Et ce serait même perçu comme dangereux et nuisible parce que cela risquerait d'éloigner les étudiants de Dieu. Est-ce que l'éducation, et en particulier l'éducation théologique, est nécessaire si nous croyons que Jésus revient bientôt ? Pourquoi s'embarrasser d'études de la Bible, de l'histoire ou de missiologie et avoir une formation en théologie pratique si la fin du monde est à la porte ? Est-ce que la perspective biblique de l'eschatologie vient soutenir ou s'opposer à l'éducation ? Ce sont des questions sérieuses.

Avertissements au sujet du retard

Il est très significatif que Jésus Christ, dans son dernier sermon (Mt 24-25), ait mentionné à plusieurs reprises l'idée d'un retard. D'abord il a parlé « du commencement des douleurs de l'enfantement » tandis que les nations feront l'expérience de guerres, de famines, de tremblements de terre (Mt 24.7), puis il a insisté sur l'accroissement de l'iniquité, la perte d'amour (Mt 24.12). La fin ne viendra que quand « cette bonne nouvelle du Règne sera proclamée par toute la terre habitée » (Mt 24.14). Finalement, dans les paraboles de la fin, Jésus a exprimé la pensée d'un retard d'une façon quasi explicite par trois fois : 1) le méchant serviteur dit en son cœur : « Mon Maître tarde à venir » (Mt 24.48) ; 2) les dix vierges qui attendaient le marié se sont toutes endormies alors que la venue/apparition du marié est retardée (Mt 25.5) ; 3) un maître remit à ses serviteurs des talents et c'est « longtemps après » que « le maître de ces esclaves arrive » (Mt 25.19) espérant que les talents aient été multipliés. Ainsi Jésus préparait ceux qui le suivaient à la triste réalité que son retour serait plus tardif que prévu. La vie serait difficile, mais il assurait ses serviteurs qu'il serait toujours avec eux jusqu'à « l'eschaton », jusqu'à la fin du monde (Mt 28.20). Remarquez que Jésus n'explique pas le *pourquoi* de ce retard (c'est souvent notre souci principal), mais il souligne *comment* conduire notre vie et *ce qu'il faut faire* dans l'attente !

Servir dans l'amour selon nos capacités et nos formations

Ces paraboles eschatologiques nous enseignent qu'être prêt pour le second retour du Christ signifie mener une vie de service et que ce service devrait être authentique, car ce qui compte c'est l'attitude envers le Maître et nos motivations de service envers les autres. Les deux dernières paraboles de Jésus dans le discours eschatologique (Mt 24-25) sont éloquentes. Non seulement ceux qui attendaient le second retour du Christ travaillaient avec application, mais ils étaient engagés dans des activités aussi simples que de travailler en faveur des plus démunis. Jésus mentionne six activités à quatre reprises et toujours dans la même séquence ! Il déclare au sujet de ceux qui sont justes :

> « Alors le roi dira à ceux qui seront à sa droite : "Vous qui êtes bénis de mon Père, héritez le royaume qui a été préparé pour vous depuis la fondation du monde. Car j'ai eu faim et vous m'avez donné à manger ; j'ai eu soif et vous m'avez donné à boire ; j'étais étranger et vous m'avez recueilli ; j'étais nu et vous m'avez vêtu ; j'étais malade et vous m'avez visité ; j'étais en prison et vous êtes venus me voir". Alors les justes lui répondront : "Seigneur, quand t'avons-nous vu avoir faim, et t'avons-nous donné à manger ? Ou avoir soif, et t'avons-nous donné à boire ? Quand t'avons-nous vu étranger, et t'avons-nous recueilli ? Ou nu, et t'avons-nous vêtu ? Quand t'avons-nous vu malade, ou en prison, et sommes-nous venus te voir ?" Et le roi leur répondra : "Amen, je vous le dis, dans la mesure où vous avez fait cela pour l'un de ces plus petits, l'un de mes frères, c'est à moi que vous l'avez fait" » (Mt 25.34-40).

Les méchants d'autre part sont décrits comme des personnes qui ne s'intéressent nullement à aider les malheureux. Ils sont aveugles, ne se soucient ni des autres ni de leurs besoins et ne s'occupent pas d'eux.

Je dois bien sûr admettre que pour servir dans ces six capacités simples (prendre soin des affamés, des assoiffés, des étrangers, ceux qui n'ont pas de quoi se vêtir, sont malades ou en prison) il n'est pas nécessaire de suivre une formation théologique particulière, même s'il est clair que nous devons penser correctement, avoir une attitude positive envers notre Seigneur et Roi, et que nous devrions laisser le Saint-Esprit transformer notre vie. Car seule une personne d'amour peut vraiment se soucier des autres, travailler avec assiduité et être une lumière (voyez les trois paraboles de Jésus dans Mt 24.45-51 ; 25.1-13 ; 25.14-30).

Pourtant il faut reconnaître qu'il y a d'autres besoins où l'aide d'autrui n'est précieuse qu'en fonction du niveau d'éducation reçu par ceux qui l'apportent. Un exemple est celui de la santé et de la médecine où une personne qui a été formée peut dispenser une aide aux personnes malades ou blessées bien plus efficacement qu'une personne qui n'a aucune formation, même si cette personne est de bonne volonté. Ceux qui savent comment donner les premiers secours, une infirmière, un médecin de famille, un chirurgien ou un spécialiste du cancer ou des maladies cardiovasculaires peuvent tous intervenir à différents niveaux selon leur spécialité, habileté ou capacité. Nous refuserions de nous adresser à une infirmière pour un cas compliqué de chirurgie. Pourtant certains osent penser que n'importe qui dans l'Eglise peut répondre aux questions bibliques complexes, aux problèmes théologiques et éthiques, ou encore donner un avis compétent pour résoudre les problèmes de la vie.

Le prophète Daniel comme modèle de sagesse

Le prophète apocalyptique Daniel est un exemple remarquable et exceptionnel de sagesse et de compréhension. Il est devenu prophète plus tard dans sa vie (Dn 7.1), parce qu'il a d'abord été connu pour sa sagesse. Il avait étudié à l'Université de Jérusalem puis à l'Université de Babylone. Il reçut la meilleure éducation possible avant de devenir un érudit hors pair (Dn 1.20). Nous lisons à son sujet qu'il faisait partie de ces jeunes gens qui étaient « des garçons sans défaut corporel, beaux de figure, doués de connaissances sur toutes sortes de sujets, bien informés, rapides à comprendre, et capables de servir dans le palais du roi. Il devait y enseigner les lettres et la langue des Chaldéens » (Dn 1.4). Après trois années d'études à Babylone, Daniel et ses trois compagnons sont décrits par les mots suivants : « Dieu donna à ces quatre garçons de la connaissance, du discernement dans tout ce qui concernait les lettres et de la sagesse ; Daniel expliquait toutes les visions et tous les rêves » (Dn 1.17).

Il est utile et nécessaire de relever que le livre de Daniel insiste particulièrement sur la notion de « connaissance » et de « discernement » (Dn 1.4,17 ; 8.15,17 ; 5.12 ; 9.22,25 ; 12.4,8,10) et le mot « sagesse » est mis en valeur parce que Dieu est celui qui la donne (Dn 1.20 ; 2.20-23,30). Je suis personnellement convaincu que cette insistance est voulue dans le plan de Dieu.

Il est intéressant de remarquer qu'il y a aussi dans le texte biblique une saine tension au sujet de la sagesse de Daniel. Il a beaucoup de connaissances, est plein de discernement et rempli de sagesse (Dn 5.11,14) et pourtant il lui arrive parfois de ne pas comprendre. Il déclare : « Moi, Daniel, [...] j'étais atterré à cause de la vision ; je ne la comprenais pas » (Dn 8.27). Voyez aussi le verset 12.8 : « J'entendis mais je ne compris pas ». Il a dû chercher assidûment dans les Ecritures et demander la sagesse pendant dix ans (8.1 ; 9.1-2) avant d'être en mesure de recevoir et de comprendre quelque chose des révélations de Dieu qui lui sont données au chapitre 8 (cf. 9.22-23 ; 12.8-9,13). L'ange Gabriel lui dit : « Daniel, je suis sorti, maintenant, pour te communiquer l'intelligence » (Dn 9.22).

Il ne faut pas s'étonner si Daniel, qui a écrit à propos des temps de la fin (Dn 8.17 ; 11.35,40 ; 12.4,9) est un modèle de sagesse pour ceux qui vivent dans les temps de la fin : « Une multitude sera purifiée, blanchie et épurée ; les méchants agiront en méchants, et aucun des méchants ne comprendra, *mais ceux qui auront du discernement comprendront* » (Dn 12.10). Daniel déclare avec assurance : « *Ceux qui auront eu du discernement* brilleront comme brille la voûte céleste – ceux qui auront amené la multitude à la justice, comme des étoiles, pour toujours, à jamais » (Dn 12.3).

L'histoire du christianisme et l'histoire de l'interprétation biblique

Les réformateurs et ceux qui ont fait l'histoire chrétienne comprenaient l'importance de l'éducation. Il y a des exemples dans l'histoire de la Réforme qui prouvent que l'éducation théologique était importante pour eux. J'approuve entièrement mon professeur d'histoire du christianisme, le professeur Amadeo Molnar, qui nous répétait constamment, dans ses cours donnés à Prague de 1973 à 1975, que l'histoire chrétienne est une histoire de l'interprétation de la Bible. C'est pourquoi, une interprétation correcte de la Bible est fondamentale. La vérité a de l'importance. Le progrès se construit à partir d'une interprétation correcte de la Parole de Dieu, mais malheureusement les Eglises se sont divisées à cause de la théologie et de véritables guerres se sont développées à propos de divergences sur la vérité biblique. En voici quelques exemples :

1. En 1054, l'Eglise chrétienne s'est divisée en deux (l'Est et l'Ouest) au sujet de la théologie sur le Saint-Esprit. Un mot a été au cœur du problème : *Filioque* (« et le Fils »). Le Saint-Esprit émane -t-il seulement du Père ou du Père « et du Fils » ? Ce fut la question fondamentale qui a abouti au Schisme de 1054 entre ce qu'on appelle maintenant l'Eglise catholique romaine et l'Eglise orthodoxe d'Orient.

2. Au début du XVe siècle, ceux qui avaient suivi Jean Hus avaient pris position (entre autres choses) pour que l'annonce de la Parole de Dieu se fasse en langue native tchèque, plutôt que d'adorer en latin et pour que ce modèle devienne universel chaque fois qu'il y aurait une Eglise, en quelque lieu que ce soit. Cette demande n'a été acceptée par l'Eglise catholique romaine qu'après le concile Vatican II, dans la seconde moitié du XXe siècle (1962-1965). Le catholicisme romain a pris un retard de plus de 550 ans pour y parvenir !

3. Les hussites demandaient aussi, en conformité avec l'enseignement biblique, que la coupe soit servie aux fidèles et que la prise du fruit de la vigne fasse partie intégrante de la célébration de la Sainte Cène. En 1414, en l'Eglise de la paroisse de Saint Martin dans les murs de Prague, le théologien Jacob de Mies et le curé de la paroisse de Saint Martin, Jan Hradec, avec l'approbation du maître Jean Hus (bien qu'il ait été déjà à cette époque à Constance, en Allemagne), ont servi en même temps, au moment de la Cène, le vin et le pain à tous les fidèles. Une

étape vraiment osée et importante de la Réforme. A la suite de quoi, des troupes d'opposition ont été envoyées en guise de réprobation pour combattre les hussites et pour tenir cette hérésie en échec. Tant qu'ils sont restés unis, les hussites étaient victorieux, mais quand en 1434, des trahisons, des désaccords et des affrontements internes sont apparus, ils ont connu la défaite. Cette exigence des hussites n'a jamais été *complètement* acceptée par l'Eglise catholique romaine, encore aujourd'hui.

La Réforme, initiée par des théologiens instruits

Il est capital de reconnaître que la Réforme a été initiée par des hommes très instruits[2]. La théologie était importante pour tous les réformateurs. Ceux qui avaient du poids dans l'Eglise étaient des théologiens aguerris[3]. Tous les réformateurs avaient une haute éducation, ce qui leur permettait de prêcher et d'écrire avec beaucoup d'à-propos et de précisions.

1. John Wycliffe, l'étoile montante de la Réforme, était professeur au Séminaire de l'Université d'Oxford et écrivait couramment ses pensées en latin.

2. Jean Hus était recteur de l'Université Charles, une des plus anciennes universités d'Europe établie dès 1348 par l'empereur Charles IV. Il fut le premier à publier un livre : *De Ecclésia* (Propos sur l'Eglise) en 1413[4]. Il l'écrivit en latin afin d'être lu par le plus grand nombre d'érudits. Il acceptait la Bible comme étant la plus haute autorité pour l'enseignement de l'Eglise, déclarait son insoumission au pape, n'acceptait que Jésus Christ comme chef de l'Eglise et voulait que le monde sache pourquoi. Le domaine qu'il développait était très explosif et cela lui a coûté la vie.

---

[2] Je dois cependant souligner que les hérétiques sont aussi généralement des personnes très bien formées, mais elles manquent d'équilibre dans leur enseignement ; elles choisissent et sélectionnent des points particuliers au détriment de l'ensemble, si bien que leur enseignement n'est pas cohérent et ne prend pas en compte tous les éléments.

[3] Même si les disciples de Jésus n'avaient pas formellement fréquenté une école rabbinique, ils ont été formés par le Rabbin des rabbins, Jésus Christ, pendant plus de trois ans. L'apôtre Paul a reçu la meilleure éducation de l'époque (il a étudié sous Gamaliel – Ac 22.3) et Dieu l'a utilisé comme nul autre, d'une façon puissante et surprenante, afin de propager l'Evangile parmi les Gentils. La plupart des épîtres du Nouveau Testament ont été écrites par lui, et les Actes des apôtres – ou mieux, les Actes du Saint-Esprit – décrivant ses trois voyages missionnaires ainsi que son voyage forcé à Rome, sont aussi bien connus.

[4] Mistr Jan Hus, *O Církvi*, Praha, Nakladatelství Československé Akademie Věd, 1965.

3. Les chefs de file des hussites étaient des personnes très instruites, pas uniquement Jean Hus, mais aussi d'autres théologiens du mouvement hussite qui pouvaient s'exprimer non seulement en tchèque, mais aussi en latin. Lors des débats contradictoires, ils connaissaient très bien leur sujet et ils répondaient d'une telle façon que même les théologiens du camp opposé les respectaient pour leur savoir. Ils étaient de vrais partenaires dans les débats sur les questions théologiques. Ainsi, Nicholas de Pelhřimov, évêque des Taborites, écrivit en latin la *Défense de foi des Taborites* (*Confessio Taboritarum*) où il défendait l'idée que seule la Bible était juge ultime en matière de foi. Il s'éleva contre l'adoration des saints, du purgatoire, des indulgences et de tous les sacrements à l'exception du baptême et de la Sainte Cène (dispensant à la fois le pain et le vin), et contre la prière pour les morts.

4. Les premiers penseurs de la Réforme insistaient sur le fait que la connaissance de la vérité biblique devait être concrète et déboucher sur des réformes sociales. Par exemple Jan Milic de Kromeriz, le précurseur de Jean Hus, transforma une maison close en un lieu où les prostituées repenties pouvaient vivre et commencer une nouvelle vie. Cette maison a été renommée Jérusalem et se trouvait face à la chapelle de Bethlehem (où on prêchait l'Evangile en tchèque). Dans ce centre Jérusalem, ceux qui se repentaient et voulaient vivre une nouvelle vie morale avaient la chance de trouver un soutien. Les précurseurs des hussites, aussi bien que les hussites, croyaient fermement à l'eschaton et à cette espérance eschatologique qui amenait avec elle un engagement vivifiant de la vie sociale et une transformation de la justice sociale. Ils étaient revivifiés par la Parole de Dieu et pouvaient alors entreprendre la transformation de l'Eglise médiévale en aidant ceux qui étaient en souffrance tels les orphelins, les veuves, les personnes âgées, les pauvres et les voleurs repentis, les buveurs et les prostituées. Ils croyaient en la transformation complète de toute chose.

La Réforme plaçait l'éducation au premier plan alors que ses acteurs revenaient aux sources originales, *ad fontes*. L'éducation et l'approfondissement de la connaissance s'appuyaient sur la capacité à traduire la Bible dans les langues vernaculaires. Aujourd'hui nous suivons les mêmes traces.

1. John Wycliffe entreprit la traduction de la Bible latine (Vulgate) en anglais en 1382, connue aujourd'hui comme la Bible de Wycliffe. Il est probable qu'il a traduit personnellement les évangiles et peut-être même tout le Nouveau Testament, pendant que ses assistants

traduisaient l'Ancien Testament. Il semble que la Bible de Wycliffe ait été terminée en 1384.

2. Il est bien connu que Martin Luther a traduit en un an, à Wartburg, le Nouveau Testament en allemand (1522) à partir du grec, puis la totalité de la Bible, avec l'aide d'autres personnes, pour terminer en 1534.

3. William Tyndale (1494-1536), un érudit anglais et figure de proue de la Réforme protestante, est bien connu pour sa traduction des textes de la Bible, de l'hébreu en anglais. C'était la première Bible anglaise traduite à partir des langues bibliques originales. Comme vous le savez cela lui a coûté la vie (et à cause d'autres enjeux importants). Cette traduction de la Bible a joué un rôle clé dans la progression de la Réforme, en Angleterre et bien au-delà.

4. Des érudits de la Bible et des théologiens de Kralicie ont traduit au XVIe siècle la totalité de la Bible à partir des textes originaux hébreux et grecs. La petite Eglise (L'Union des frères moraves) a produit dans les années 1579-1594 l'une des meilleures traductions de la Bible, la Bible de Kralice, en 6 volumes, avec des commentaires théologiques. Elle a été la première traduction complète de la Bible en Tchèque, faite à partir des langues originales. En 1613, par nécessité pratique, elle a été publiée en un seul volume, sans notes explicatives. Cette Bible de Kralice est encore utilisée aujourd'hui ici et là, mais était largement répandue jusqu'à la fin du XXe siècle.

5. Un excellent exemple de la pensée réformatrice en rapport avec l'importance de l'éducation, est Jean Amos Comenius (1592-1670). C'était un réfugié religieux, persécuté par l'Eglise catholique au moment de la contre-réforme, suite à la bataille de la Montagne Blanche, en 1620. Il a exercé en tant que dernier évêque de l'Unité des Frères (*Unitas Fratrum*). C'était un théologien et un philosophe hors du commun, et en même temps un pédagogue et un écrivain prolifique. Il a même rédigé quelques manuels de classe tels que *Orbis Sensualium Pictus (Le monde visible des images)*, publication de 150 leçons présentant aux élèves la totalité du monde au travers d'illustrations instructives. Ce fut l'un des manuels les plus publiés dans l'histoire de la pédagogie. Il fut le premier à innover dans l'éducation en illustrant les manuels. Comenius est considéré comme le père de l'éducation moderne et s'est fait l'avocat d'une éducation extensive qu'il a développée dans son livre *Didactica Magna*. En tant qu'éducateur et théologien il a préconisé l'éducation permanente, a fait que l'enseignement devienne pratique,

l'a élevé au-delà d'une simple mémorisation, a soutenu l'idée d'une chance égale pour tous les enfants, et a ouvert l'éducation aux pauvres et aux filles[5].

Nos pionniers adventistes, à leur début, ont été confrontés à la réalité d'un second avènement imminent du Christ. C'est pourquoi ils ont insisté pour affirmer qu'une organisation pour l'Eglise n'était pas nécessaire, car le monde devait bientôt disparaître. Ils craignaient aussi de perdre leur liberté s'ils étaient contrôlés par une organisation. Selon leur perspective, la mission n'était pas nécessaire (rappelez-vous la théologie de la porte close), et l'éducation n'était pas leur préoccupation première. Nos pionniers ne mirent l'accent sur l'éducation que progressivement. Les premières écoles étaient des cours élémentaires mais plus tard, en 1874, l'Université de Battle Creek a vu le jour. Elle fut la première institution d'enseignement supérieur fondée par l'Eglise adventiste. Elle fut déplacée de Battle Creek à Berrien Spring en 1901 et elle fut renommée *Andrews University* en 1960.

Il est intéressant de remarquer que lorsque notre Eglise a accepté l'importance de sa mission mondiale, elle a ouvert les portes à l'éducation. Quand on se lance dans la proclamation de l'Evangile, alors soudainement on ressent le besoin d'avoir des leaders bien formés pour formuler ce en quoi la dénomination croit. Les doctrines et les croyances se devaient d'être bien articulées pour être transmises. Cette mission a entraîné la nécessité des études de théologie au sein de l'Eglise adventiste. Quand nous avons ouvert la voie de la mission, nous avons ouvert la porte à l'éducation. Mission et éducation vont de pair.

Pourquoi avons-nous besoin d'une formation théologique ?

Dans le monde chrétien actuel, la théologie tend à être méprisée ; et à mon grand étonnement, cette aversion semble se répandre même au sein de notre Eglise.

---

[5] Les enjeux dont nous discutons aujourd'hui au sujet de la justice sociale et de l'engagement de l'Eglise adventiste dans la société et dans les communautés locales ont été débattus bien avant nous. Par exemple, l'Unité des Frères avait identifié deux groupes appelés large et petite faction correspondant aux « conservateurs » et aux « libéraux ». Le groupe large, le plus important, de concert avec leurs dirigeants, voulait s'ouvrir à certaines choses dans la société, comme travailler non seulement dans l'agriculture mais aussi dans d'autres professions. Un exemple célèbre concerne un fabricant de savon critiqué pour son attitude libérale. Aussi, ce marchand (libéral) de savon, sachant parfaitement que le savon était utile pour l'hygiène, dit pour sa défense : « Nos vaches ne veulent pas manger de ce savon-là ». Ce type de discussion nous fait sourire aujourd'hui, mais derrière de tels débats se cachaient des questions sérieuses : jusqu'où aller dans le domaine culturel et un engagement plus large dans la vie sociale ? L'une d'elles était alors de savoir s'il était correct de vivre seulement dans des villages ou s'il fallait s'établir dans les villes. Ils ont finalement pris conscience que la vie devient de plus en plus complexe et qu'on ne peut pas l'arrêter. Devrions-nous vivre aujourd'hui comme nos amis Amish, sans voiture, sans électricité, sans les avantages de la vie moderne, et nous habiller comme les gens du XVIe ou XVIIe siècle ?

Une formation en théologie, dans certains milieux, n'est pas la bienvenue et n'est pas essentielle. J'ai entendu des personnes sous-entendre que le temps était court et qu'il n'était pas nécessaire de s'embarrasser de l'hébreu, du grec, d'exégèse, d'herméneutique et encore moins de la haute critique ou de psychologie car les dons naturels et les dons spirituels sont plus importants que l'éducation. Certains disent même que si vous étudiez la théologie vous serez moins aptes à gagner des âmes et que, par conséquent, il est préférable de ne suivre que trois à neuf mois de formation biblique pour être prêt à prendre la responsabilité d'une Eglise et de conduire des personnes à Christ. De plus ils disent que les écoles adventistes classiques sont chères et perturbent les familles. Chères ? C'est probablement vrai. Perturbantes ? Non.

Il semble que l'histoire se répète et que les groupes anti-éducation de notre Eglise augmentent. A deux occasions distinctes, j'ai reçu dans mon bureau des personnes « préoccupées » qui argumentaient sur le fait que nos séminaristes, en ce temps de *Parousie* imminente, ne devraient étudier que la Bible et les livres d'Ellen White. Je suis d'accord que ce type d'études est un fondement important d'une véritable éducation (Jb 28.27; Pr 1.7 ; 9.9) mais elles sont insuffisantes dans le monde actuel si complexe. Paradoxalement, ces personnes oublient qu'Ellen White avait elle-même dans sa bibliothèque beaucoup des meilleurs livres de théologie et qu'elle les utilisait dans ses écrits parce qu'ils exprimaient la vérité qu'elle voulait faire ressortir avec éloquence.

Il y aura toujours des positionnements extrêmes qui refuseront de voir de la valeur dans l'éducation, qui lanceront l'alarme contre les études universitaires et l'utilisation des langues bibliques. La croyance au prochain retour de Jésus-Christ a conduit certains à rejeter non seulement les études supérieures générales mais également les écoles de théologie. Etudier la théologie est un risque, disent-ils, parce qu'elle conduit au scepticisme et produit des incroyants. Il y aura probablement toujours deux positionnements dans l'Eglise qui seront soit pour, soit contre l'éducation supérieure. Nous ne devons pas nous décourager (mais en être frustrés, oui).

La tâche du corps enseignant, des pasteurs, des théologiens, des administrateurs et des chercheurs bibliques est de présenter une image juste de Dieu, donner une vision, prêcher, prévenir contre les fausses doctrines et les interprétations de la Bible et prendre soin de ceux qui leur font confiance. Mais comment peuvent-ils le faire s'ils ne comprennent pas correctement quels sont les enjeux impliqués ? Cela englobe le caractère de l'amour de Dieu et cela s'inscrit dans le « Grand conflit », le plan du salut, la centralité de la croix, la relation entre les deux alliances, la fin des temps de la prophétie, l'herméneutique, la signification du ministère d'intercession du Christ dans le sanctuaire céleste, le service auprès de la communauté, la position de non combattant, le lien avec les religions non chrétiennes, la nature et l'autorité de l'Eglise, les problèmes d'immigration, les questions concernant la contraception, l'avortement, le divorce, le remariage, l'homosexualité, la gestion chrétienne de la vie, les expériences de mort imminente, l'enfer, l'immortalité – pour n'en nommer que quelques-uns. Parler de tous ces sujets est lié à leur compréhension sur le plan théologique en rapport avec l'augmentation continue de la connaissance (2P 3.16). Nous vivons dans un monde complexe et les personnes demandent des réponses appropriées et qui ont du sens afin de répondre aux questions qu'elles se posent[6].

Le plus grand défi actuel est d'enseigner et de prêcher l'Evangile aux millénnials, à ceux qui ne croient en « rien » et à la génération Z. Nous pouvons avoir le même vocabulaire, mais de nouveaux sens sont attribués aux mots. Nous utilisons les mêmes mots mais avons des dictionnaires différents. Nous vivons à une époque de post-chrétienté où le sécularisme et un neo-athéisme dominent le monde intellectuel. La façon de penser de nos membres est fortement influencée par la pensée évolutionniste, par les religions orientales, par l'inclusivisme, par la spiritualité mystique et en partie par la forte influence des épopées hollywoodiennes tels Avatar, Star Wars, Terminator, Superman, les Panthères noires pour ne nommer que celles-là. Platon a déclaré très justement dans son célèbre dicton : « Qui raconte l'histoire (de la façon la plus convaincante) contrôle la société et le monde ». Malheureusement la musique rock et ses sous-cultures, les films, les jeux vidéo visent souvent à dévaloriser les valeurs de la vie telles que l'honnêteté, l'obéissance, le respect et la vérité ; ils sont souvent vulgaires, immoraux, suicidaires, voire même sataniques et remplis de fausse spiritualité. La violence et le naturalisme remplissent l'esprit et la sensibilité des jeunes qui écoutent et jouent. Ces distractions façonnent leur esprit et leur vie affective.

---

[6] L'étude de la biologie, de la physique, de l'astronomie, de l'archéologie, pour n'en nommer que quelques-unes est de la plus haute importance pour montrer qu'il y a un lien avec l'enseignement biblique. Mais il est également important d'étudier la science pour elle-même parce qu'elle constitue l'étude de la création de Dieu, une quête pour comprendre le monde qu'il a créé. Notre position a toujours été de dire que le message biblique ne contredit pas la vraie science et que la science peut enrichir la foi qui cherche à comprendre. La perspective scientifique n'est pas automatiquement en opposition ou en contradiction avec la foi en Dieu. Les faits sont les faits, mais leur interprétation est une autre chose et c'est ce qui compte en définitive. Nous devons faire une distinction entre un présupposé, une vision finale du monde, une philosophie, des théories et des hypothèses d'une part et les *faits* de la vie d'autre part. Souvent les personnes, théologiens comme scientifiques, confondent une *interprétation* de la réalité avec la *réalité* elle-même

Foi et vie

Selon l'entendement populaire, ce qui est important est une foi concrète et une vie de piété, non la théologie. A première vue, cette façon de voir attire. Mais comment savoir, sans une réflexion théologique, si notre foi est authentique et notre vie chrétienne équilibrée ?

Ce genre de raisonnement – à savoir qu'une vie de piété est importante et qu'une réflexion théologique ne l'est pas – se présente comme une fausse dichotomie. C'est comme si nous disions que nous avons besoin de Jésus mais pas de l'Eglise, ou bien que ce qui compte c'est le côté relationnel, mais pas les doctrines. Ce sont des contradictions artificielles, car les deux aspects sont indispensables. Notre croissance spirituelle dépend de la théologie.

La théologie pratique

J'ai entendu d'autres personnes formuler leurs objections de cette façon : ce dont nous avons besoin en ces derniers jours ce sont des pasteurs ayant des compétences pratiques, pas des théologiens. Ceci trahit une incompréhension, car une bonne formation biblique et théologique *est* et *doit être* pratique. Une théologie appliquée est le couronnement de toutes les études en théologie. Même les langues bibliques, l'hébreu et le grec, si elles sont enseignées correctement sont entièrement pratiques. On a dit que la chose la plus pratique au monde est une bonne théorie et dans ce cas cela est démontré : l'hébreu et le grec sont à la source de la théologie et comprendre ces outils aide à interpréter le message biblique. Les pensées de Dieu, des prophètes et des apôtres se sont exprimées à travers le langage, qui est un miroir de ce qu'ils pensaient. Le vocabulaire et la syntaxe reflètent leur pensée et c'est de là que jaillit notre compréhension sur la façon de vivre la vie chrétienne.

Ainsi, la pensée biblico-théologique est le pain et le beurre de chaque responsable, enseignant, théologien ou pasteur. C'est un outil essentiel pour ceux qui prêchent la Parole de Dieu et qui sont appelés à prendre soin d'autrui. Pour parler concrètement, quoi que nous disions – dans nos conversations, à l'Ecole du sabbat, dans nos prédications, nos articles, nos livres, nos chants, nos prières et nos cultes d'adoration – que ce soit sur l'humanité, la vie qui nous entoure, la vie après la mort et l'avenir, tout révèle notre théologie. Ces reflexions doivent être soigneusement étayées.

Le pasteur, guide théologique – Chaque croyant, un théologien

C.S Lewis se plaignait que beaucoup de chrétiens aiment que la religion soit concrète et méprisent la théologie. Il disait qu'il avait personnellement échappé à ce faux raisonnement parce que « tout homme qui veut simplement penser à Dieu aimerait pouvoir disposer de l'idée la plus juste et la plus claire possible à son sujet[7] ». Il continue : « Si vous ne vous en référez pas à la théologie, cela ne voudra pas dire que vous n'avez aucune idée sur Dieu. Cela signifiera que vous en avez une quantité de fausses, mauvaises, embrouillées, dépassées[8] ».

Dans un certain sens, tout croyant est un théologien. La théologie c'est notre *réflexion* systématique et globale sur la révélation de Dieu. Ce qui implique d'avoir une réflexion approfondie sur le sens des différents aspects de la vie selon le point de vue de Dieu. Cela implique aussi une *prospective*, c'est-à-dire avoir un regard sur l'avenir. Ce processus réflexif-prospectif prend ses racines dans les Ecritures saintes et doit se faire d'une façon cohérente.

Une théologie en communauté

Une formation pastorale juste, étendue et équilibrée est une condition *sine qua non* pour acquérir la bonne formation théologique biblique qui inclut l'étude de la Bible, la théologie historique, la dogmatique, l'éthique, l'histoire de l'Eglise, la mission, le rôle du disciple et la théologie pratique. L'opposé d'une *mauvaise* théologie ce n'est pas *l'absence* de théologie, mais une *bonne* théologie.

J'insiste sur le fait qu'une vraie théologie est toujours élaborée dans l'Eglise et pour l'Eglise. Elle n'a aucun sens en dehors de l'Eglise, parce qu'elle est toujours au service de l'Eglise. Nous pouvons affirmer avec pertinence que le rôle de la théologie adventiste se définit, dans notre perspective eschatologique, en trois volets :

1. Explorer et présenter la beauté et la pertinence du message et de la mission adventistes – la capacité géniale de présenter la vérité biblique dans le système des croyances adventistes.

2. Progresser dans la compréhension de la vérité, découvrir de nouvelles choses et de nouveaux liens.

3. Affiner la compréhension actuelle de la Bible par l'Eglise et être une voix *éduquée* dans l'Eglise.

Cela signifie que la théologie se doit d'être une voix critique mais constructive au sein de l'Eglise. L'Eglise a besoin de ce fonctionnement, et les enseignants, les théologiens et les érudits de la Bible ne devraient pas trahir ni s'abstenir de ce rôle important. Dire la vérité est une question de courage, pas de survie. Si vous

---

[7] C.S. Lewis, *Mere Christianity*, New York, Macmillan, 1943, p. 135.
[8] *Ibid.*, p. 136.

craignez de vous faire renvoyer parce que vous dites la vérité, alors vous ne devriez pas occuper une position de leader. Nous devons être les garants de la vérité biblique, mais nous ne sommes pas les propriétaires de la vérité. Jean Hus a été jusqu'à écrire : « Celui qui a peur de mourir perd sa joie de vivre ». Si nous n'étudions pas les Ecritures avec diligence et sérieux, nous nous exposons à ce que des pensées sectaires s'introduisent et se développent dans l'Eglise ; et si nous ne mettons pas un terme à ces sentiments « anti-éducation », ils déboucheront alors sur le conformisme et le fanatisme. Le manque d'éducation est un esclavage.

Nous devons nous en tenir au principe de la *Sola Scriptura* car toutes nos décisions et nos formulations, y compris les *28 Croyances fondamentales*, les votes de la Conférence générale et les règlements de l'Eglise, doivent être examinés scrupuleusement au regard de la Parole de Dieu et sont toujours soumis à l'autorité de la Parole de Dieu et de son jugement. Nos déclarations humaines ne doivent jamais prendre le pas. Toutes nos formulations peuvent avoir une certaine valeur « avant le dernier mot » ; mais le dernier mot revient à Dieu et à sa Parole révélée dans les Ecritures. C'est le juge ultime, même du meilleur de notre théologie. Nous sommes tous sous son commandement. C'est une partie intégrale de notre mission prophétique. Cela doit nous conduire à l'humilité et à la nécessité de nous écouter les uns les autres.

Ce principe est souligné dans le préambule des *28 Croyances fondamentales* de l'Eglise adventiste :

> « Les adventistes du septième jour reconnaissent la Bible comme leur seul credo et professent un certain nombre de croyances fondamentales procédant des Saintes Ecritures. Ces croyances, énoncées ci-après, exposent la manière dont l'Eglise conçoit et exprime l'enseignement biblique. Cette profession de foi est susceptible d'être révisée lors d'une session de la Conférence Générale, quand l'Eglise est amenée par l'Esprit Saint à une meilleure compréhension des vérités bibliques ou qu'elle trouve un langage mieux approprié pour exprimer ce que la Parole de Dieu enseigne ».

Les croyants doivent suivre une formation biblique équilibrée, croître en Christ et dans la vérité plutôt que de se fier en leurs propres traditions ou mode de pensée de façon indépendante. La théologie adventiste invite à la recherche de la vérité, à la connaître, à l'aimer, à la suivre, à la vivre, à la proclamer et à se préparer pour le second retour du Christ. C'est de cette façon que nous pouvons mettre en évidence la cohérence de la vérité et la perfection du système qu'elle constitue dans le cadre du Grand conflit et du métarécit narratif présenté dans les Saintes Ecritures. La vérité biblique est une histoire qui a en son centre le Dieu trinitaire et toutes les autres vérités réunies autour de ce centre unifiant et vivant.

La théologie est, à proprement parler, le travail d'une communauté de foi placée constamment sous l'autorité des Ecritures. Des pasteurs bien préparés, des membres d'Eglise non professionnels, des enseignants, des administrateurs, des théologiens, des chercheurs bibliques, sont partie intégrante et essentielle de cette communauté prophétique et doivent être intégrés dans la démarche de compréhension et la formulation de la vérité divine. Nous devons nous souvenir que Dieu ne travaille jamais en solitaire lorsque nous découvrons une nouvelle vérité. Une meilleure compréhension d'une vérité biblique peut être révélée à un individu et de cette façon parvenir jusqu'à nous (c'est la méthode habituelle utilisée par Dieu) mais la vérité n'est jamais donnée à une seule personne « en solo ». D'autres doivent aussi percevoir la lumière de cette nouvelle découverte. Dieu conduit la communauté de foi à sa vérité de façon à ce que de plus en plus de personnes la perçoivent[9]. Ainsi, si quelqu'un a une « nouvelle » lumière sur l'interprétation de Gog et Magog d'Ezéchiel 38-39, sur la nouvelle terre et les nouveaux cieux d'Esaïe 65, les derniers événements de Daniel 11.40-45, le jour du Seigneur de Zacharie 14 ou sur les sceaux et les trompettes ou encore sur le rôle prophétique de l'Eglise, cette personne doit la présenter mais elle doit aussi écouter attentivement les autres et attendre de voir si les autres reconnaissent une lumière dans la nouvelle explication. Nous sommes la famille de Dieu et nous devons nous écouter les uns les autres, ne jamais travailler seuls. Il n'y a pas un seul exemple dans le livre des Actes où le Saint Esprit ait été donné à une seule personne ! C'était toujours au sein d'une communauté de foi, soit large (Actes 2), soit plus petite (Actes 9.17). Si vous présentez une lumière nouvelle mais que vos frères et sœurs n'y voient rien de nouveau, abstenez-vous de les juger durement, restez humbles et soyez corrects ou attendez de voir si dans l'avenir Dieu amène aussi d'autres personnes à voir ce que vous avez déjà compris[10].

---

[9] A ce sujet, Ellen White a donné un précieux conseil à Stephen Haskell. Le 21 octobre 1858, elle lui a écrit parce qu'il enseignait qu'il n'était pas permis de manger du porc. Il est important de remarquer qu'Ellen White ne s'est pas faite l'avocate de la consommation de porc, comme cela lui est parfois incorrectement attribué. Elle a accentué le fait qu'il n'était pas correct de faire de la consommation de porc un critère d'acceptation dans l'Eglise et elle lui a conseillé de ne pas insister sur la question parce que si c'était la volonté de Dieu de ne pas manger de porc, il le ferait savoir à l'Eglise. Elle déclara : « Si Dieu demande à son peuple de s'abstenir de viande de porc, il les instruira sur le sujet. [...] Si c'est un devoir pour l'Eglise de s'en abstenir, Dieu le révélera à davantage que deux ou trois personnes. Il enseignera son devoir à l'Eglise. Dieu dirige son peuple, non des individus isolés ici ou là, l'un croyant ceci et l'autre cela » (*Testimonies for the Church*, p. 207). Ce conseil a été écrit cinq ans avant la vision sur la réforme sanitaire du 6 juin 1863, dans laquelle elle a vu qu'il ne faudrait pas consommer de porc et qu'un régime alimentaire végétarien était préférable. En 1864, Ellen White concluait que « Dieu n'a jamais, à aucun moment, indiqué qu'il fallait manger du porc » (*Spiritual gifts*, vol. 4, p. 124 ; voir aussi *Counsels on diet and foods*, p. 392-393).

[10] A côté de cela, il y a toute la place pour des opinions différentes dans le domaine des interprétations bibliques et théologiques qui ne font pas partie des vérités fondamentales de notre

Les bénéfices additionnels d'une éducation théologique

Ceux qui enseignent dans l'Eglise, les administrateurs, les pasteurs, les théologiens, les chercheurs bibliques, tout comme les membres de l'Eglise, tous ont besoin de la théologie. Une formation théologique bonne et équilibrée présente beaucoup d'avantages, particulièrement dans le contexte de notre espérance eschatologique et dans la tâche qui consiste à préparer les personnes au second retour de Jésus-Christ (cf. Lc 1.17c) :

1. La théologie aide tout un chacun à formuler des messages centrés sur Christ et sur Dieu. Comprendre ce que dit l'Evangile doit être antérieur à ce que demande l'Evangile.

2. La théologie est une aide qui permet à la prédication de préserver la vérité biblique par une présentation compétente, responsable et appropriée de la Parole de Dieu. Cela permet d'éviter de déboucher sur le dérapage intellectuel, le sensationnalisme, le sentimentalisme et l'intuition des « *fake news* » qui font le jeu des théories du complot.

3. La théologie donne aux membres aussi bien qu'aux responsables de l'Eglise les outils nécessaires pour répondre aux questions avec intelligence. La vie est complexe et de nombreuses Eglises se posent de sérieuses questions sur les convictions post-modernes, post-chrétiennes, agnostiques et athées. Le pragmatisme religieux matérialiste et la spiritualité religieuse ont ouvert de nouvelles perspectives qui posent problème et qui demandent des réponses honnêtes.

4. Le milieu urbain demande des enseignants, des administrateurs, des évangélistes et des pasteurs formés qui sachent bien réfléchir. Les villes représentent un défi pour ceux qui veulent prêcher en donnant tout son sens à la Parole de Dieu.

5. La théologie fortifie l'Eglise et rappelle à sa mémoire les évènements clés et les discussions du passé liés à la compréhension et à l'interprétation de la Bible, afin que nous ne commettions pas les mêmes erreurs.

6. La théologie nous aide à transmettre la plénitude de l'Evangile à une large diversité de cultures et de visions du monde.

---

mouvement prophétique, qui ne vont pas à l'encontre de l'esprit et du but du système global de la vérité biblique dans le cadre du Grand conflit et s'appuyant sur des principes herméneutiques solides.

7. La théologie nous donne une image amplifiée de la révélation de Dieu. Elle fait ressortir les évènements cruciaux de la dramatique biblique présentée au travers de son métarécit narratif, en démontrant comment toute vérité est liée et se définit dans la relation existant entre le Nouveau et l'Ancien Testament.

8. La théologie donne aux personnes les moyens de mener des dialogues sensés et d'avoir des discussions adaptées au monde actuel. Elle nous rend sensibles et nous donne la compétence pour nous adresser aux chrétiens, aux post-chrétiens, aux non-chrétiens et aux athées.

9. La théologie apporte professionnalisme, expertise et confiance à notre ministère si multiforme. L'assurance que donne la compréhension de la vérité biblique, dans sa cohérence, renforce l'identité adventiste et ainsi pasteurs, enseignants et administrateurs peuvent exercer et prêcher la vérité, avec conviction et passion. Dans le même temps, une acceptation réfléchie des limites de nos connaissances doit nous conduire à l'humilité et à la tolérance.

10. La théologie n'exprime pas simplement l'importance de ce en quoi nous croyons, mais elle explique aussi pourquoi c'est pertinent et comment on devrait le vivre.

La paresse intellectuelle

Ellen White se plaignait que « nos pasteurs sont trop vite satisfaits d'eux-mêmes » et qu'ils étaient devenus « intellectuellement paresseux ». « Ils ont besoin d'une discipline intellectuelle ». Au lieu de devenir des « géants intellectuels », ils sont devenus « des nains dans leur croissance spirituelle et mentale ». Elle déclare avec insistance : « Aux étudiants assidus de la Bible, de nouvelles lumières, de nouvelles idées, de nouveaux joyaux de vérité apparaîtront continuellement et seront saisis avec avidité[11] ». « Il est demandé, pour réussir dans le pastorat ou pour être employé dans n'importe quel domaine de la cause de Dieu, d'étudier et de travailler durement[12] ». Ellen White se désole « parce qu'ils ne creusent pas pour découvrir les trésors cachés ; parce qu'ils n'écrèment que la surface et ne trouvent que la connaissance qu'on peut trouver en surface[13] ». C'est la raison pour laquelle elle lance cet avertissement : « L'époque demande que la profession pastorale soit composée de personnes

---

[11] Ellen White, *Advent Review and Sabbath Herald* 63, n° 14, April 6, 1886, p. 210. Voir aussi *Testimonies and Gospel Workers*, Boise, Pacific Press, 1962, p. 194, et *Testimonies for the Church*, vol. 4, Mountain View, Pacific Press, 1881, p. 412-415.
[12] Ellen White, *Gospel Workers*, Washington, Review and Herald, 1915, p. 71.
[13] *Ibid.*, p. 93.

intelligentes ayant une solide formation, et non des novices[14] ». « On fait souvent beaucoup de tort à nos jeunes gens en leur permettant de commencer à prêcher alors qu'ils n'ont pas acquis suffisamment de connaissances des Ecritures pour présenter notre foi de façon intelligible[15] ».

Ellen White a conseillé que « les jeunes gens qui désirent devenir pasteurs, colporteurs ou représentants évangéliques, devraient d'abord avoir un certain niveau de formation mentale et une préparation propre à leur appel. Ceux qui n'ont pas la formation suffisante, qui n'ont reçu aucun entraînement, qui ne sont pas aguerris, ne sont pas prêts à entrer dans un domaine où le talent de personnes bien formées exerce de puissantes influences pour combattre la vérité de la Parole de Dieu. Ils ne peuvent alors faire face à cette forme combinée d'erreur philosophique et religieuse, car elle requiert une connaissance scientifique tout autant qu'une connaissance de la vérité scripturaire[16] ». A nouveau : « Les pasteurs devraient consacrer du temps à étudier, à méditer et à prier. Ils devraient se remplir l'esprit de connaissances utiles, connaître par cœur des passages des Ecritures, mettre en évidence l'accomplissement des prophéties et apprendre les leçons que Christ a données à ses disciples[17] ». Les pasteurs, dit-elle, devraient « sonder les Ecritures avec application dans un esprit de prière afin de devenir des géants de la compréhension des doctrines bibliques et des leçons pratiques de Christ[18] ».

Conclusion : une éducation adventiste est un besoin existentiel

L'espérance eschatologique offre un fondement solide et aboutit à une théologie, une éducation, une mission et un travail social dynamiques et ciblés. Un ministère approprié pour répondre aux besoins spirituels des gens repose sur une compréhension large de la théologie. C'est une question de vie et de mort, car la destinée éternelle d'une personne est liée à une présentation juste de l'Evangile. Etre un leader exige un dévouement total de toute la personne à cette noble tâche, car il ne s'agit pas d'un travail, mais plutôt d'une vocation de vie. Je crois qu'il est dangereux de présumer que la théologie n'appartient qu'au séminaire et n'est bonne que pour les universitaires et les chercheurs.

Le prophète Osée se plaignait que le peuple de Dieu se mourait faute de connaissance : « Mon peuple sera réduit au silence faute de connaissances.

---

[14] Ellen White, *Testimonies for the Church*, vol. 5, Mountain View, Pacific Press, 1889, p. 528.
[15] Ellen White, *Gospel Workers*, p. 71.
[16] *Ibid.*, p. 81.
[17] Ellen White, *Testimonies for the Church*, vol. 4, p. 412.
[18] *Ibid.*, p. 415.

Puisque tu as repoussé la connaissance, je te repousserai et tu ne seras plus mon prêtre » (Os 4.6).

Au temps du déluge l'un des péchés commis consistait à détruire le sens et la beauté de la vie qui entouraient les personnes (Gn 6.11-13). Dans le livre de l'Apocalypse, il est souligné que Jésus reviendra pour juger et détruire ceux « qui détruisent la terre » (Ap 11.18). Cela signifie que nous devons être les protecteurs de la vie et construire de bonnes choses. Je dois vous rappeler ici une déclaration attribuée à Luther qui, au cours d'un propos de table, aurait dit : « Quand bien même je saurais que le monde serait détruit demain, je planterais malgré tout un pommier aujourd'hui[19] ». S'il a réellement dit cela, il a fait une remarque importante. Quand j'étais petit garçon, j'ai souvent entendu un dicton très sage : « Nous devrions croire que Jésus-Christ reviendra bientôt, par exemple demain, mais sème et travaille comme si ça lui prendrait des centaines d'années ». C'est ce que Luther et nos pionniers essayaient de transmettre aux générations suivantes.

C'est ce que pratiquaient nos pionniers. Je les admire parce qu'ils croyaient le second retour du Christ imminent et pourtant ils ont acheté de grandes propriétés pour nos écoles et nos institutions (par exemple, l'Université adventiste de Friedensau en Allemagne ; l'Université adventiste d'Afrique, près de Nairobi, au Kenya, et beaucoup d'autres institutions sur le même territoire ; l'Université adventiste près de Manille, aux Philippines ; l'Université adventiste Spicer à Poona aux Indes ; l'Université adventiste de Hong Kong ; l'Université adventiste de Taiwan ; l'Université Klabat à Manado, en Indonésie ; l'Université Sahmyook en Corée ; l'Université adventiste de Sao Paulo, au Brésil ; le Campus adventiste du Salève en France ; j'en ai à peine nommé quelques-unes). Tous ces campus sont encore en activité aujourd'hui.

Nous ne savons pas quand Jésus reviendra, aussi devons-nous travailler assidûment comme les deux serviteurs fidèles de la parabole des talents (Mt 25), ce qui signifie travailler dans différents domaines de la vie, y compris l'éducation et l'étude attentive de la théologie. Seul celui qui avait peur de son maître et qui le considérait comme dur et autoritaire, a été jugé comme « mauvais » et « timoré » (v. 24-25), comme n'ayant ni travaillé ni fait prospérer. Parce qu'il pensait à son maître en des termes erronés, il a été paralysé dans la non-activité. Une fausse image de Dieu conduit à des habitudes de vie malsaines et au désœuvrement. Si nous faisons l'expérience du véritable amour de Dieu, notre ministère ne sera plus un fardeau ou un accomplissement désagréable

---

[19] Cette tradition a probablement son origine dans une source tannaïte qui dit ceci : « Si tu avais une plante dans la main et qu'ils te disent, "Vois, le Messie est là !", alors va et plante ton plant, et après cela prépare-toi à le recevoir » (Abot de Rabbi Nathan, 31b).

mais une occasion joyeuse. Seuls ceux qui chérissent le pardon de Dieu et qui acceptent qu'il nous considère comme ses fils ou ses filles, peuvent servir et aimer en toute vérité (Lc 7.47 ; Jn 1.12 ; 1Jn 3.1 ; 5.12-13).

La théologie a vraiment de l'importance et a des implications pratiques à long terme. Martin Luther King a dit fort à propos : « Nos vies commencent à disparaître à partir du moment où nous restons silencieux sur les sujets importants ». Sur le fronton de l'entrée principale de l'Observatoire astronomique de Valašské Meziříčí, en République tchèque, il y a une inscription sage et très parlante : « Un peu de savoir mène à la fierté, beaucoup mène à l'humilité ». Cette devise, si justement exprimée, décrit bien pourquoi nous devons avoir une connaissance claire et approfondie de la Bible et de la théologie et de tout ce qui s'y rattache.

La déclaration du Seigneur dans Esaïe 66.2 résume cette nécessité de l'étude approfondie du message biblique selon la perspective divine : « Voici sur qui je porterai mes regards : sur le pauvre qui a l'esprit abattu, qui tremble à ma parole ». Nous devons étudier avec tout notre cœur et le Seigneur nous conduira et nous bénira. Maintenant, je reviens à Daniel qui a proclamé avec puissance à l'apogée de son livre apocalyptique : « Et les gens réfléchis *resplendiront* comme la splendeur du firmament, et *ceux qui ont rendu la multitude juste*, comme les étoiles à tout jamais » (Dn 12.3).

Je voudrais terminer par cette prière apaisante bien connue du théologien américain Reinhold Niebuhr (1892-1971) :

> « Mon Dieu, donne-moi la sérénité
> d'accepter les choses que je ne peux changer,
> le courage de changer les choses que je peux changer
> et la sagesse d'en connaître la différence.

> De vivre un jour à la fois, d'accepter les épreuves comme le chemin vers la paix,
> d'accepter comme Il l'a fait ce monde comme il est,
> et non pas comme je voudrais qu'il soit.

> De croire qu'Il va prendre soin de tout
> si je capitule et si je m'en remets à Sa volonté,
> que je peux être raisonnablement heureux dans cette vie
> et suprêmement heureux avec Lui, pour toujours dans le futur. »

Eschatologie et écologie.
Pourquoi prendre soin de la terre si tout va brûler ?

Rahel Wells[1]

La compréhension adventiste des événements de la fin induit la réalité que la terre brûlera à la fin des temps. Malheureusement, cela se traduit souvent par le fait que les nombreuses injonctions bibliques à prendre soin de la création ne sont plus pertinentes, puisque la terre sera de toute façon recréée par Dieu. Cette compréhension inexacte de la relation entre l'écologie et l'eschatologie a conduit de nombreux non-chrétiens qui se soucient de la terre à étiqueter la Bible et les chrétiens comme étant à la source d'une multitude de catastrophes écologiques[2].

Cependant, ma conviction est que le soin de la terre est au cœur de la compréhension adventiste de l'eschatologie. Bien que l'exploration complète du sujet mériterait un développement beaucoup plus long, je vais ici traiter de la responsabilité écologique de l'humanité donnée à la création ; la responsabilité écologique de l'humanité donnée après le péché ; et envisager la responsabilité écologique de l'humanité sur la terre faite nouvelle.

Création originelle et responsabilité humaine

Le commandement divin de prendre soin de la terre a commencé dans le jardin d'Eden, avant le péché, et a un impact profond sur notre théologie et notre anthropologie. Si nous comprenons que nous sommes faits à l'image de Dieu et

---

[1] Rahel Wells, docteure en théologie, est professeure d'hébreu et d'exégèse de l'Ancien Testament au *Seventh-day Adventist Theological Seminary* de l'Université Andrews à Berrien Springs (Michigan, Etats-Unis). La traduction de cet article écrit en anglais a été réalisée par Gabriel Monet.
[2] Par exemple, Lynn White, « The Historic Roots of Our Ecological Crisis », *Science* 155 (1967), p. 1203-1207.

que nous gouvernons la terre comme Dieu le ferait s'il était ici, alors prendre soin de la terre devient une nécessité pour soutenir le règne ultime de Dieu sur terre.

Les humains doivent être les gardiens et les protecteurs de la terre. Nous sommes faits à l'image de Dieu, mais notre but n'est pas de nous exalter nous-mêmes ou d'exploiter les ressources environnementales pour asseoir notre domination. Les humains ont plutôt pour mission d'agir en tant que représentants de Dieu sur la terre, la dirigeant comme lui le ferait à notre place. Les verbes originaux hébreux de Genèse 1.26-28 n'autorisent pas à abuser ou exploiter, mais exigent une gouvernance juste et sage vis-à-vis de la création de Dieu, les humains agissant comme vice-régents[3]. Genèse 2.15 réitère ce principe de gérance de l'environnement en utilisant des verbes hébreux pour l'entretien du jardin par l'humanité qui sont normalement associés à l'entretien sacerdotal du Temple (par exemple Nb 3.7-8).

La terre et tout ce qui s'y trouve appartient en fait à Dieu. Lévitique 25.23 donne un autre aperçu de la domination de l'humanité sur la terre dans la lignée de Genèse 1. Nous ne possédons pas réellement la terre, mais nous en sommes les gardiens (cf. Gn 2.15 ; Ps 24.1-2 ; 1 Ch 29.14). En outre, la propriété de Dieu sur la terre est réitérée dans Exode 20.8-11, où la raison donnée pour l'observance du sabbat est un mémorial à la création de la terre par Dieu. Nous ne devons jamais oublier qui est le véritable propriétaire de cette terre, et que nous sommes responsables de son entretien. Ainsi, en reconnaissant et en accueillant le récit biblique de la création et du sabbat, les adventistes du septième jour s'appuient sur une base solide pour élaborer leur théologie biblique de la préservation.

Le sabbat implique aussi une réduction de la consommation et du matérialisme, car nous avons le privilège de nous reposer et de ne pas travailler un jour par semaine. La gestion chrétienne de la vie ne concerne pas seulement l'argent, mais aussi l'environnement, les possessions, le temps et les opportunités, en lien avec le principe crucial de la propriété de Dieu sur le monde et tout ce qui s'y trouve. Plus important encore, Dieu se réjouit de sa création. Il qualifie tout ce qu'il a fait de « très bon » (Gn 1.31). Ainsi, dès le commencement, les humains avaient vocation à considérer toute la terre comme créée et aimée par Dieu et comme appartenant en définitive à son Créateur.

---

[3] Huw Spanner, « Tyrants, stewards - or just kings? », in Andrew Linzey, Dorothy Yamamoto (éd.), *Animals on the agenda. Questions about animals for theology and ethics*, Urbana, University of Illinois Press, 1998, p. 216-224 ; Daniel Block, « All creatures great and small. Recovering a deuteronomic theology of animals », in Jon Isaak (éd.), *The Old Testament in the life of God's people. Essays in honor of Elmer A. Martens*, Winona Lake, Eisenbrauns, 2009, p. 283-305 ; Richard Bauckham, *The Bible and ecology. Rediscovering the community of Creation*, Waco, Baylor University Press, 2010.

Responsabilité humaine et soin de la terre après le péché

Le soin apporté aux animaux et à toute la création de Dieu, évoqué dans Genèse 1 à 3, est un thème qui peut être repéré dans l'ensemble de la Bible. Les récits de la création établissent le mandat fondamental de la protection de la création, et de nombreux textes de l'Ancien Testament impliquent ou font allusion à cette protection, tandis que d'autres décrivent clairement l'amour et le souci de Dieu pour sa création et les responsabilités d'Israël à prendre soin de la terre et de toutes ses créatures. Après le péché, la responsabilité humaine est encore plus grande à certains égards, car le péché mène à la détérioration de la terre et les humains génèrent plus de destruction que de restauration. A la lumière de ceci, Dieu rend encore plus évidente sa propriété et son ravissement liés à la terre, mais aussi la perdurance de la responsabilité humaine.

Dieu demeure le propriétaire de la terre, déclarant clairement que « la terre est à moi » (Lv 25.23), y compris « les cieux, la terre et tout ce qui s'y trouve » (Dt 10.14). Moïse décrit la terre de Canaan comme « une terre dont l'Eternel prend soin » (Dt 11.12), ce qui implique amour et joie dans sa création, bien que souillée par le péché. Dieu prend soin de la terre même là où il n'y a pas d'implantation humaine, apportant la pluie sur la terre où aucun peuple ne vit (Jb 38.26).

En raison de l'amour de Dieu pour la terre et du potentiel des humains à la détruire, les commandements de prendre soin de la terre sont intensifiés après le péché. Bien qu'ils ne soient pas mentionnés dans tous les passages concernant le sabbat, les instructions les plus claires concernent les animaux pendant le repos du sabbat et au cours de l'année sabbatique. Ces allusions à la haute priorité de la vie animale dans la Bible induisent une responsabilité bienveillante des humains envers les animaux et impliquent certainement un traitement humain débonnaire tous les jours de la semaine. Tous les types d'animaux sont concernés par les lois du Pentateuque à propos du repos sabbatique[4].

En plus des commandements du sabbat et de l'année sabbatique, la valeur et le soin des animaux se manifestent au travers de diverses mesures : la compensation en cas d'atteinte à un animal (Ex 21.33 ; Lv 24.18) ; les bébés

---

[4] Jay McDaniel, « A God who loves animals and a Church that does the same », in Charles Pinches, Jay McDaniel (éd.), *Good news for animals? Christian approaches to animal well-being*, Maryknoll, Orbis, 1993, p. 77. Des travaux récents confirment cette vision du soin des animaux en lien avec les lois du Pentateuque concernant le sabbat : Israël devait prendre soin de la terre comme un bon roi le ferait, reproduisant ainsi comment Dieu prendrait soin d'elle. Voir Huw Spanner, « Tyrants, stewards - or just kings? », p. 216 224 ; James Loader, « Image and Order. Old Testament Perspectives on the Ecological Crisis », in Willem Vorster (éd.), *Are we killing God's earth? Ecology and theology*, Pretoria, University of South Africa, 1987, p. 6-28.

animaux doivent rester avec leur mère pendant un certain temps (Ex 22.29) ; la bonté envers le prochain implique la bonté envers leurs animaux (Ex 23.4) ; les charges des animaux doivent être raisonnables (Ex 23.5) ; etc.

En outre, dans des passages comme Jonas 4.11 et l'histoire du déluge (Genèse 6-9), il est évident que les humains ne sont pas les seules créatures pour qui Dieu fait preuve de compassion[5]. Il est intéressant de noter que certains passages traitent les animaux de la même manière que les humains. Par exemple, dans Exode 19.13 (et 34.3), les animaux ne devaient pas toucher le Mont Sinaï, sinon ils seraient tués. Dans Nombres 8.17, Dieu semble considérer les animaux comme faisant partie des enfants d'Israël. Psaume 36.7 déclare que Dieu sauve à la fois les humains et les animaux. Dans Jonas 3.7-8, les animaux doivent jeûner avec les humains et crier à Dieu pour être sauvés de la destruction de Ninive. Job 12.7-10 implique que les animaux savent que Dieu est aux commandes et dirige les événements du monde, y compris la vie de tout être vivant[6].

Quand les animaux sont dans le besoin, Jésus demande aux humains de prendre soin d'eux, même lorsque cela exige ce qui serait normalement considéré comme du travail le jour du sabbat. Dans Luc 13.15, Jésus mentionne le bien-être des bœufs le jour du sabbat qui ont besoin d'eau pour boire, et promeut donc la guérison des humains aussi le jour du sabbat. En mentionnant le fait de détacher les bœufs de leur mangeoire pour leur donner à boire, ce passage semble supposer que les bœufs ne travaillaient pas le jour du sabbat, mais restaient à l'étable en se reposant de leur travail[7]. Les humains sont tenus responsables de l'état de la terre et de toutes les créatures qui y vivent (Rm 8.19-22 ; Ap 11.18).

Parallèlement à ces passages, le commandement du sabbat dans Deutéronome 5.11-14 nous rappelle que l'autre raison principale de garder le sabbat est en réponse à la grâce rédemptrice de Dieu pour son peuple (cf. Lv 25.17, 38). Quand les humains bénissent la création en prenant soin de la terre, c'est en même temps une réponse en forme de remerciement à Dieu pour sa rédemption[8]. En

---

[5] Aucun autre récit de déluge dans le Proche-Orient ancien ne dépeint des humains ou des dieux se souciant du monde animal et le sauvant. Cf. Aloys Hüttermann, *The ecological message of the Torah. Knowledge, concepts, and laws which made survival in a Land of « milk and honey » possible*, Atlanta, Scholars Press, 1999, p. 12-58.

[6] Pour aller plus loin, voir Terence Fretheim, *God and world in the Old Testament. A relational theology of Creation*, Nashville, Abingdon, 2005, p. 249-268 ; Richard Bauckham, *The Bible and ecology*.

[7] Voir John Nolland, *Luke 9:21–18:34*, Word Biblical Commentary 35b, Dallas, Word Books, 1993, p. 724-725, 745-747. De plus, les animaux sont souvent mentionnés dans les paraboles de Jésus et certaines des premières créatures à voir le Messie ont été des animaux dans l'étable. Pour d'autres références aux animaux par Jésus, voir Gary Comstock, « Pigs and piety. A theocentric perspective on food animals », in Charles Pinches and Jay McDaniel (éd.), *Good News for Animals?*, p. 105-127.

[8] Comme l'illustrent les commandements du sabbat, les humains doivent imiter Dieu dans le soin qu'il apporte aux animaux. Dans Pr 12.10, celui qui est juste est celui qui prend soin de l'âme (*nèfèš*)

effet, la raison de ce temps de repos pour la terre est que les pauvres et les animaux sauvages peuvent manger. Dans le but évoqué ici pour décrire la raison du sabbat (« afin que votre bœuf et votre âne puissent se reposer »), l'accent est déplacé du chef de famille humain à ceux qui seraient probablement opprimés. L'apparente priorisation des animaux reflète l'accent mis sur les soins aux opprimés dans Exode 20-33.

Dieu montre aussi un amour et un soin immenses pour la terre, surtout quand les gens en abusent et ne suivent pas les lois qu'il a établies à son égard. Par exemple, même pendant la guerre, les gens devaient laisser au moins quelques arbres, surtout des arbres fruitiers, plutôt que de les couper tous pour les utiliser dans l'effort de guerre (Dt 20.19-20). Quand la terre a eu besoin de repos, Dieu a envoyé Israël en exil pour lui donner le repos (2Ch 36.21). Même quand les gens ne se soucient pas de la terre, Dieu le fait et y apporte la restauration.

Les années sabbatiques et jubilaires sont de bons exemples de la sollicitude de Dieu, ainsi que de la responsabilité humaine, tant pour la terre que pour les animaux. Lévitique 25 et Exode 23 contiennent des principes fondamentaux de préservation basés sur Genèse 1-3, et applicables à tous ceux qui sont concernés par l'environnement. Les passages donnent des raisons spéciales pour le soin et la sauvegarde de la terre que d'autres chrétiens peuvent trouver plus difficiles à justifier lorsque les raisons données pour l'observance du sabbat du septième jour ne sont plus considérées comme valables[9].

L'année du Jubilé était un type particulier d'année sabbatique, au cours de laquelle les esclaves étaient libérés et la terre rendue à son propriétaire initial. Cependant, plus encore qu'au cours d'une année sabbatique habituelle, toute personne qui vivait de la terre s'inquiétait probablement de la façon dont elle

---

des animaux domestiques. Le nom *nèfèš* est utilisé au sens large pour décrire tout de la personne, de son identité jusqu'à ses désirs individuels spécifiques (Ellis Brotzman, « Man and the Meaning of נפש », *Bibliotheca sacra* 145 (1988), p. 400-409). Bien plus que de s'assurer que les animaux vivent, un homme vertueux connaît l'histoire de l'« âme » de son animal : ses désirs, son appétit, son être intérieur, même ses émotions, ses passions et sa personnalité (cf. Ex 23.9 ; 31.17). Puisqu'Israël avait été délivré et qu'il devait imiter Dieu, toutes les lois du Code de l'Alliance devaient protéger ceux qui étaient les plus susceptibles d'être victimes dans la société. Voir Bruce Rosenstock, « Inner-Biblical Exegesis in the Book of the Covenant. The Case of the Sabbath Commandment », *Conservative Judaism* 44 (1992), p. 37-49.

[9] Bien que le Lévitique ne réitère pas le commandement du sabbat de la même manière que le Décalogue, l'observance du sabbat est supposée dans plusieurs cas, et il est mentionné plus spécifiquement en ce qui concerne les fêtes et le jour des expiations (Lv 16.31 ; 19.3,30 ; 23.3,8,11,15-16,32,38 ; 24.8 ; 26.2). Pour plus de détails, voir Jacob Milgrom, *Leviticus 23-27. A New Translation with Introduction and Commentary*, New York, Doubleday, 2001 ; Ross Kinsler, « Leviticus 25 », *Interpretation* 53 (1999), p. 395-399. De nouvelles recherches sur l'écologie en Israël affirment que sans ce repos pour la terre tous les sept ans, toute la couche de terre arable serait épuisée rapidement et l'arabilité de la terre serait perdue (Aloys Hüttermann, *The ecological message of the Torah*).

pourrait survivre à cette longue période sans activité agricole (Lv 25.20). C'est pourquoi Dieu rappelle aux Israélites qu'il a promis la bénédiction et la provision à ceux qui sont fidèles dans le vécu de sa loi et dans le fait de laisser reposer la terre (Lv 25.21). Tout comme le jour du sabbat, faire confiance à Dieu implique de renoncer à son temps et à ses possibilités d'avancement pour prendre soin de la terre[10].

Exode 23.10-12 et Lévitique 25.2-7 réitèrent ce principe, car les phrases et la formulation correspondent au quatrième commandement du Décalogue, et des parallèles sont établis entre le repos de la terre elle-même la septième année et le commandement du repos le septième jour. En examinant de plus près Lévitique 25.2-7, la structure chiastique qui s'y trouve met en évidence le soin apporté à la terre et à ses habitants non humains en les plaçant au centre du passage au verset 4a[11].

Ce qui est frappant dans ce passage, c'est l'inclusion des animaux sauvages, or ce soin pour des animaux plus éloignés du contact avec les humains indique clairement à quel point Dieu se soucie de toutes ses créatures[12]. Comme le point central de ce passage est le repos spécial du sabbat pour la terre, le repos et le souci de la création s'étendent à tout ce que Dieu a fait, et non seulement aux personnes et aux animaux. L'utilisation des terres ici implique l'ensemble de l'écosystème, pas seulement le sol[13]. En effet, dans 2 Chroniques 36.21, il est fait mention que « la terre » (ou « le pays » selon les traductions) a enfin pu profiter des sabbats qui lui avaient été refusés du fait de la désobéissance d'Israël[14].

---

[10] Dans le Nouveau Testament, l'Eglise a compris la valeur de ces principes jubilaires et a essayé de les rendre applicables en tous temps, car les premiers chrétiens mettaient tout en commun, aidaient les nécessiteux et soutenaient la libération de l'esclavage (Ac 2.42-46 ; 4.34-35 ; 5.14-16 ; Ga 3.28 ; Col 3.11 ; Phm 15-17).

[11] Pour plus de détails, voir Rahel Schafer, « Rest for the animals? Non-human Sabbath repose in pentateuchal law », *Bulletin for Biblical Research* 23 (2013), p. 15-34. Bien que ce passage ne se réfère pas directement au sabbat hebdomadaire, le parallèle avec Exode 20.8-11 et Deutéronome 5.12-15 induit une corrélation avec les concepts et le vocabulaire qui sont utilisés en relation avec le sabbat hebdomadaire. Voir aussi Ernst Haag, « שבת », *Theological Dictionary of the Old Testament*, Grand Rapids, Eerdmans, vol. 14, p. 383 ; Jacob Milgrom, *Leviticus 23-27*, p. 2154-2157.

[12] John Hartley, *Leviticus*, Word Biblical Commentary 4, Dallas, Word Books, 1992, p. 434.

[13] Cette terminologie qui tend à élargir la portée du sabbat est rare dans le Pentateuque et n'apparaît que cinq autres fois (Ex 31.15 ; 35.2 ; Lv 16.31 ; 23.3,32), deux par rapport au sabbat hebdomadaire et deux concernant le jour des expiations. Ernst Haag se réfère à cette phrase comme étant « en construction superlative » (« שבת », *Theological Dictionary of the Old Testament*, vol. 14, p. 389).

[14] Hüttermann relie l'année sabbatique à la protection de la fertilité des sols et à la disponibilité de l'eau, affirmant que les Israélites vivaient dans une terre qui n'était pas bien adaptée à l'agriculture mais qui avait besoin de soins particuliers (*The ecological message of the Torah*, p. 149). Il considère que la Torah contient les clés de la vie biologique aussi bien que spirituelle. Voir aussi Michael Northcott, *The environment and Christian ethics*, Cambridge, Cambridge University Press, 1996.

Lévitique 26.31-44 inclut également le concept de repos sabbatique pour la terre, mais les animaux ne sont pas spécifiquement mentionnés par rapport au sabbat dans ce passage. Il est important de noter que le verbe hébreu en Lévitique 26.34,43 est *râtsâ* (restaurer/compenser/agréer) [ses sabbats], et non '*âsâ* (faire/célébrer) [le sabbat] ou *nuah* (se reposer) : les verbes utilisés pour le repos divin du sabbat dans Exode 20 et Deutéronome 5 ; de plus, *nèfèš* (âme) employé pour l'humain et l'animal est ici absent. Cela signifie que la terre ne participe pas activement au repos et au rajeunissement, mais qu'elle est en train d'être restaurée après avoir été maltraitée et surexploitée par l'homme. A la lumière de ceci, il semble significatif que Lévitique 25 a également une terminologie différente pour le repos de la terre (*šabbat šabbatôn*), et décrit l'année sabbatique comme profitant aux humains et aux animaux, pas tant à la terre elle-même. Le verbe *šavat* (chômer) est utilisé pour la terre en Lévitique 26.35, mais dans un sens plus passif. Ainsi, il semble que Dieu s'occupe de toute sa création, mais que les créatures vivantes ont la priorité sur les plantes et les masses terrestres.

Les adventistes du septième jour ont une longueur d'avance en matière de sauvegarde de la création en encourageant fortement un régime végétarien. Un régime alimentaire à base de plantes est l'une des meilleures choses que l'homme puisse faire pour les animaux – un végétalien sauve la vie d'au moins 95 animaux par an[15]. De plus, un tel régime est aussi l'une des meilleures choses que l'homme puisse faire pour l'environnement dans son ensemble – des recherches récentes montrent que la production carnée et laitière contribue largement au réchauffement climatique, à la famine mondiale, à la déforestation, à la perte des habitats[16].

Le souci de la terre et de tous les animaux est un thème clairement identifiable après l'irruption du péché. Nous ne pouvons pas rejeter le soin de la création pour des raisons bibliques en raisonnant que la terre finira par brûler de toute façon. D'autres créatures vivantes sont co-habitants du monde et comme elles dépendent aussi fortement de ses écosystèmes pour leur survie, la Bible tient toute l'humanité responsable de la préservation de la terre et du soin de toutes les créatures vivantes[17]. Les adventistes du septième jour croient que les

---

[15] No Voice Unheard, *Ninety-five. Meeting America's farmed animals in stories and photographs*, Santa Cruz, No Voice Unheard, 2010. Voir aussi Matthew Scully, *Dominion. The power of man, the suffering of animals, and the call to mercy*, New York, St. Martin's Press, 2002.
[16] *Livestock's long shadow. Environmental issues and options*, Rome, Food and Agriculture Organization of the United Nations, 2006 ; *Livestock revolution. Implications for rural poverty, the environment, and global food security*, World Bank Report 23241, November 2001.
[17] Beaucoup a été écrit sur ce que les individus peuvent faire pour soulager la souffrance des animaux. Par exemple : Gary Francione, *Animals, property, and the law*, Philadelphia, Temple University Press,

humains doivent aider ceux qui sont opprimés, même s'il semble que nous n'ayons pas les moyens d'y parvenir. Comme tout avantage en ce monde n'est que temporaire, la préservation à la lumière du sabbat et de la création nous enseigne à avoir confiance en nos richesses célestes et à œuvrer à la sauvegarde de la création tout en ayant une perspective eschatologique (Lv 25.20-21).

Renouveau et restauration eschatologiques

Les passages eschatologiques de l'Ancien Testament incluent une image de la terre restaurée et rajeunie, pas nécessairement recréée à partir de rien (par exemple Es 65 ; Za 14 ; Ez 40-48). Dans l'Apocalypse, Jean continue d'évoquer l'étang de feu et tous ceux qui sont morts (21.7-8), impliquant la purification de cette terre, et non pas la présence d'une autre terre.

Romains 8.19-23 jette les bases de la compréhension de la continuité de la création sur la terre faite nouvelle, en ce sens que Dieu va restaurer et racheter la terre actuelle. Ce passage met en lumière la réponse de Dieu à la création elle-même qui réclame la délivrance de la souffrance[18]. Paul parle de la création à une seule autre occurrence dans Romains, accusant toute l'humanité sur la base de ce qu'elle aurait dû savoir depuis la création du monde (1.18-23). Plusieurs liens terminologiques cruciaux établissent l'interrelation de Romains 1.18-23 avec Romains 8.19-23[19]. Le mot *ktísis* est l'une des clés majeures pour comprendre les deux passages (séparément aussi bien qu'interconnectés), reliant la création passée avec le tableau eschatologique de la création[20].

Les humains ont « échangé la vérité de Dieu contre le mensonge, adoré et servi la créature au lieu du Créateur » (Rm 1.25), et cette condamnation s'étend aussi

---

1995 ; Jay McDaniel, *Of God and pelicans. A theology of reverence for life*, Louisville, Westminster John Knox Press, 1989 ; Andrew Linzey, *Animal Gospel*, Louisville, Westminster John Knox, 1998 ; Paul Waldau, Kimberley Patton (éd.), *A communion of subjects. Animals in religion, science, and ethics*, New York, Columbia University Press, 2006.

[18] Pour d'autres analyses et sources se référant à ce passage, voir John Bolt, « The Relation between Creation and Redemption in Romans 8:18-27 », *Calvin theological journal* 30 (1995), p. 34-51 ; Harry Hahne, *The Corruption and Redemption of Creation. Nature in Romans 8.19–22 and Jewish Apocalyptic Literature*, London, T&T Clark, 2006 ; Cherryl Hunt, David Horrell, Christopher Southgate, « An Environmental Mantra? Ecological Interest in Romans 8:19-23 and a Modest Proposal for Its Narrative Interpretation », *The Journal of Theological Studies* 59 (2008), p. 546-579.

[19] Les mots qui n'apparaissent que dans ces deux passages en Romains sont particulièrement cruciaux : *ktísis, aphthartos/phthartos/phthora, mataiótēs/mataioō*. Certains notent également des liens entre Romains 1 et 8 (Steve Kraftchick, « Paul's use of creation themes. A test of Romans 1-8 », *Ex Auditu* 3 (1987), p. 72-87 ; Cherryl Hunt *et al*, « An Environmental Mantra? »).

[20] Douglas Moo, *The Epistle to the Romans*, Grand Rapids, Eerdmans, 1996, p. 25. Pour plus d'informations sur ce passage, voir Rahel Schafer, *'You, YHWH, save humans and animals'. God's Response to the vocalized needs of non-human animals*, PhD dissertation, Wheaton College, 2016.

à la création (Rm 8.20-21)[21]. Les mots utilisés pour la souffrance que subit la création suggèrent une souffrance intense qui est vécue partout ; rien n'est exempt de l'angoisse causée par le péché humain[22]. Le mot *systenázō* (8.22) contient la notion d'inconfort sévère du fait de la douleur et est souvent utilisé pour évoquer les douleurs de l'enfantement. Bien qu'il s'agisse d'une des douleurs physiques les plus intenses, le processus d'accouchement évoque aussi l'espoir d'une nouvelle vie[23]. Ce terme semble faire allusion à l'espérance de Romains 8.20 où la création garde l'espérance, impliquant que quelque chose de bon pourrait naître du mal, non qu'il serait anéanti[24]. La futilité n'a pas vocation à durer pour l'éternité, mais seulement pour un temps, le temps de comprendre les conséquences horribles du péché[25]. Le point central dans ce passage est l'espérance pour toute création qui se libère du lien de la corruption. La cause du gémissement de la création est avant tout l'action de l'humanité, et la création sera aussi libérée par la rédemption de l'humanité, plutôt que d'être détruite.

Le message central de ce passage est l'espérance dans la délivrance tant pour les humains que pour toute la création[26]. Les mêmes mots-clés sont utilisés pour la

---

[21] En Romains 1.21, les humains sont devenus futiles dans leurs pensées parce qu'ils n'honoraient pas Dieu, conséquence directe de leur refus de reconnaître la révélation claire de Dieu à travers ses œuvres créées. Dans le chapitre 8, la futilité à laquelle la création est soumise n'est pas auto-imposée ou même auto-générée, mais affecte la création comme effet secondaire du péché de l'humanité. Paul rappelle à ses semblables que toute la nature est en souffrance à cause de leurs transgressions. Le péché ne fait pas de cas des espèces. James Rimbach relie aussi ce verset à la chute d'Adam (« 'All Creation Groans'. Theology/ecology in St. Paul », *Asia Journal of Theology* 1 (1987), p. 382. Voir aussi Clifton Black, « Pauline Perspectives on Death in Romans 5-8 », *Journal of Biblical Literature* 103 (1984), p. 428.
[22] Walter Bauer, Frederick Danker, William Arndt, Wilbur Gingrich, *A Greek-English Lexicon of the New Testament and Other Early Christian Literature*, Chicago, University of Chicago Press, 2000, p. 942. Ceux-ci se connectent avec Joël 1, Jonas 3 et Exode 2 dans la Septante.
[23] La Septante utilise le même mot pour « gémir » dans Gn 3.16, pour évoquer les douleurs du travail et de la naissance résultant du péché. Pour plus de détails, voir Laurie Braaten, « All Creation Groans. Romans 8:22 in Light of the Biblical Sources », *Horizons in Biblical Theology* 28 (2006), p. 131-159.
[24] Pour un débat plus approfondi sur l'identification de celui qui a soumis la création, voir Brendan Byrne, *Romans*, Collegeville, Liturgical Press, 1996, p. 258.
[25] Les types de souffrance mentionnés pour la création peuvent être comparés et contrastés avec ceux de l'humanité. Dans le v. 22, le mot *systenázō* donne l'idée de gémir ensemble, tandis que le v. 23 utilise *stenázō*, ce qui implique plus un gémissement interne. Cette distinction ne semble pas importante pour les arguments de Paul, bien que certains voient les deux comme un co-gémissement de toutes les créatures (par exemple, Cherryl Hunt *et al.*, « An Environmental Mantra? », p. 546-579).
[26] James Dunn note que Rm 8.18-30 est le point culminant du chapitre 8, le point culminant des chapitres 6-8, et la préparation des chapitres 9-11. Voir son *Romans 1-8* (Word Biblical Commentary 38a, Dallas, Word Books, 1988, p. 466-467) pour des listes de mots-clés trouvés dans tous ces passages.

création et l'humanité, attendant parallèlement la rédemption, subissant des gémissements et gardant espoir dans l'avenir. Bien que Paul n'évoque pas directement des préoccupations écologiques, Romains 8.21 montre ses suppositions sous-jacentes concernant le soin de Dieu pour la création qu'il a faite. Toutes les œuvres de ses mains seront restaurées des ravages du péché, non pas éradiquées ou annihilées pour tout recommencer. Frederick Fyvie Bruce est d'accord pour dire que la création actuelle ne sera pas détruite mais subira une « transformation [...] afin qu'elle accomplisse le but pour lequel Dieu l'a créée[27] ». Cette interprétation implique un besoin d'action de la part de l'humanité. Si Dieu pense tellement aux animaux et aux plantes de ce monde au point de les sauver de la malédiction du péché, combien plus l'humanité est-elle obligée d'agir comme de fidèles intendants des écosystèmes que Dieu lui a confiés.

Dieu promet de tout restaurer et d'amener ses créatures dans la pleine liberté lorsque la terre sera renouvelée[28]. L'article défini devant l'adverbe (*toû nŷn*) renforce le sens de fin-des-temps impliqué, littéralement traduit par « le maintenant »[29]. Ce verset exacerbe la tension entre le gémissement actuel et la rédemption tant attendue, puisque Paul semble assuré de la proximité de l'espérance réalisée malgré les combats actuels[30]. Le verbe utilisé pour la libération de la création (*eleutherō*) implique que, contrairement à la soumission à la futilité, où les conséquences pour la création étaient un résultat secondaire de la condition déchue de l'humanité, la libération dans la liberté implique une anticipation de la part de la création[31].

La terre et toutes les créatures de Dieu ne sont pas seulement libérées de l'esclavage, mais entrent de fait dans la glorieuse liberté qui autrement n'appartiendrait qu'aux enfants de Dieu. Dans ce verset, la création semble à

---

[27] Frederick Fyvie Bruce, « The Bible and the Environment », in Morris Inch, Ronald Youngblood (éd.), *The Living and Active Word of God. Studies in Honor of Samuel J. Schultz*, Winona Lake, Eisenbrauns, 1983, p. 29. Après une étude approfondie de *ktísis*, Joseph Lee Nelson constate que la création n'est jamais un « objet de colère » ou un « symbole de culpabilité » (*The Groaning of Creation. An Exegetical Study of Romans 8:18–27*, Th.D. dissertation, Union Theological Seminary, 1969, p. 154.

[28] Dunn note que dans ce contexte, *nŷn* prend une toute nouvelle signification au-delà du temps présent, à savoir le « salut eschatologique dans lequel s'élabore le processus du salut » (*Romans 1-8*, p. 473).

[29] Sigve Tonstad note qu'un « ultime espoir apocalyptique est en vue » (« Creation groaning in labor pains », in Norman Habel, Peter Trudinger (éd.), *Exploring Ecological Hermeneutics*, Leiden, Brill, 2008, p. 145).

[30] Andrzej Gieniusz, *Romans 8:18-30. 'Suffering Does Not Thwart the Future Glory'*, Atlanta, Scholars Press, 1999, p. 162.

[31] Voir aussi Sheila McGinn qui note que « la création est avide de liberté » (« Feminists and Paul in Romans 8:18–23 », in Christina Grenholm, Daniel Patte (éd.), *Gender, tradition, and Romans. Shared ground, uncertain borders*, New York, T&T Clark, 2005, p. 25).

nouveau être placée dans une catégorie similaire à l'humanité en tant que créatures de Dieu[32]. L'anticipation (*apekdechómenoi*) de la création implique de regarder « avec empressement, la tête tendue, comme des oies volant vers un climat plus chaud[33] ». La même racine (*apokaradokía*) est utilisée au verset 19 pour la hâte de la création vis-à-vis de l'attente des enfants de Dieu, confirmant ainsi que la création est également en attente de la rédemption et sera délivrée de concert avec l'humanité. La création et l'humanité partagent leurs attentes impatientes, leur espoir dans la libération future, et leurs gémissements pour la délivrance. La création ne va pas être anéantie, de sorte que Dieu doive recommencer avec une autre terre. Les créatures et toute la création attendent aussi la seconde venue de Jésus, quand elles n'auront plus de douleur et de souffrance, mais vivront sur la terre faite nouvelle et restaurée.

Passages liés au feu

Malgré les claires injonctions évoquées pour prendre soin de la terre, l'une des principales raisons données pour ne pas agir dans ce sens est la notion que tout cela va brûler, donc peu importe ce que nous faisons. Cependant, même les images bibliques du feu brûlant à la fin des temps, n'impliquent pas que la terre sera totalement consumée, ou que nous ne devrions pas en prendre soin entre-temps. Le feu épure les justes (cf. Za 13.9 ; Ml 3.2) et ne les brûle pas quand Dieu est avec eux (cf. Es 43.2). Le feu peut aussi être utilisé pour la purification (par exemple, Nb 31.23 ; 2 Ch 7.1), ainsi que pour éclairer ou protéger (colonne de feu, Ps 105.39 ; Za 2.5). Dieu lui-même est un feu dévorant (cf. Gn 15.17-18 ; Dt 4.24 ; Ez 1.27-29 ; Dn 7.9-10 ; Ap 1.12-16), mais il est aussi représenté comme la source du feu de l'amour entre mari et femme (Ct 8.6). Le feu est dans la maison de Dieu avant le péché (Ez 28.14) et il ne consume que Lucifer après son péché (Ez 28.18). Le dernier scénario est le principal moment où le feu consume tout : lorsqu'il détruit les méchants (par ex. Gn 19). Mais la terre et toutes les autres créatures ne sont pas méchantes, seuls les humains sont présentés ainsi, donc le péché et les pécheurs sont ce qui sera consumé à la fin des temps, pas la terre.

Beaucoup de ceux qui prétendent que la terre sera complètement anéantie par le feu se réfèrent à 2P 3.7-12, c'est pourquoi quelques commentaires s'avèrent nécessaires. Il y a plusieurs interprétations de chacun des mots utilisés, et la

---

[32] Pour aller plus loin, voir Harry Hahne, *The Corruption and Redemption of Creation*, p. 215. McGinn affirme que les humains ne sont pas supérieurs au reste de la création dans ce passage (« Feminists and Paul in Romans 8:18–23 », p. 26).

[33] Dale Moody, « Romans », in Clifton Allen (éd.), *Acts - 1 Corinthians*, Broadman Bible Commentary 10, Nashville, Baptist Sunday School Board, 1969, p. 218. Les gémissements évoquent généralement des plaintes au sujet de la douleur ou de la tristesse. Mais ici, Paul décrit le gémissement de façon plus positive, comme un effort pour un avenir immanent meilleur.

plupart des traductions ne saisissent pas toujours toutes les nuances. Quand Pierre dit que « les cieux disparaîtront à grand fracas », cela pourrait tout aussi bien se référer à un bruit fort ou à un feu qui passe dans le ciel (peut-être quand Dieu vient pour le jugement ?). Le mot « disparaître » (*parerchomai*) dans l'Ecriture fait généralement référence à des événements qui n'existent plus car passés, et non à une éradication totale et complète[34]. Dieu projette de racheter le monde, pas de le détruire complètement et de recommencer à zéro. L'idée de l'anéantissement n'est pas biblique, mais provient en fait de l'eschatologie gnostique, qui affirme que le spirituel est bon et que le physique sera brûlé pour lui laisser la place[35]. Ceci entre directement en opposition avec une conception adventiste du monde, qui est bon et créé par Dieu pour être sauvé et restauré.

Pierre utilise aussi le langage du « jour du Seigneur », qui est hautement symbolique de la destruction des méchants et de tout ce qui est lié au péché[36]. Le mot « éléments » (*stoicheia*) ne se réfère pas aux éléments du tableau périodique, mais plutôt aux corps célestes : le jour à venir du jugement, le Seigneur passera du ciel sur la terre par ces corps célestes. Le verbe se référant aux éléments étant « embrasés » (*kausoō*) est associé avec le mot dont la meilleure traduction est « délier, relâcher » (*lyō*), qui ensemble pourraient se référer au résultat du feu du jugement de purification. Ce feu permet à la nature de revenir à l'idéal de Dieu pour elle, plutôt que de continuer à être accablée par la présence actuelle du péché. La terre et les travaux qui y sont faits peuvent « paraître, être trouvés » (*euriskō*) et ceci est mieux compris comme étant épuré, où le mauvais est éliminé pour révéler le résultat du renouveau comme le mentionne 2 Pierre 3.13[37].

Pierre cite ensuite Esaïe 65.17 et 66.22, où il est clair que l'on peut discerner une terre renouvelée, et non une terre nouvelle après qu'elle ait été totalement brûlée (Esaïe 24 décrit la terre devant le feu du jugement). Esaïe 66.24 le confirme, en

---

[34] Pour plus de détails, voir Matthew Emerson, « Does God own a death star? The destruction of the cosmos in 2 Peter 3:1-3 », *Southwestern Journal of Theology* 57 (2015), p. 281-293.
[35] Voir aussi Craig Blaising, « The Day of the Lord Will Come. An Exposition of 2 Peter 3:1-18 », *Bibliotheca Sacra* 169 (2012), p. 387-401. Au lieu de cela, la puissance purificatrice de Dieu se déplace des cieux, à travers les corps célestes, vers la terre. Tout l'univers devra être épuré par le feu purificateur de Dieu. Le péché ne sera plus à travers l'univers, ce qui correspond aussi à une compréhension adventiste. Le péché n'est pas seulement ici, il y a des anges pécheurs et des conséquences du péché à travers l'univers.
[36] Gale Heide, « What is new about the new heaven and the new earth? A theology of creation from Revelation 21 and 2 Peter 3 », *Journal of the Evangelical Theological Society* 40 (1997), p. 37-56. Clifford Winters soutient que le feu ardent est une métaphore pour brûler les fausses croyances et la théologie dont Pierre a parlé. (« A strange death. Cosmic conflagration as conceptual metaphor in 2 Peter 3:6-13 », *Conversations with the Biblical World* 33 (2013), p. 147-61).
[37] Craig Blaising, « The Day of the Lord Will Come », p. 387-401.

décrivant la terre après le feu purificateur (cf. Es 66.15-16), en indiquant que le mal qui doit être brûlé est le péché et les pécheurs. Ce sont les gens qui meurent, alors que la terre est encore là (cf. Ml 4.1 ; Ps 11.5-7). De même, Apocalypse 20-21 décrit un lac de feu, pas une terre pleine de feu. C'est aussi ce que laisse entendre 2P 3.7, en ce que le feu est réservé au jugement des hommes impies.

Dans 2 Pierre 3.5-6, Pierre fait aussi la comparaison entre le jugement par le feu lors de la seconde venue et le déluge mondial de Genèse 6-9. Certains ont utilisé cela comme argument supplémentaire pour affirmer que tout sera détruit pour recommencer à zéro. Mais le déluge n'a pas complètement détruit la terre, il l'a seulement purifiée du péché. En fait, les poissons ont tous survécu au déluge, tout comme les plantes et les graines, comme en témoigne la colombe qui a rapporté à Noé une feuille d'olivier toute fraîche. Il s'agissait donc d'une destruction d'épuration, tout comme il semble clair que la destruction finale le sera aussi. Le but était d'enlever le péché et les pécheurs, afin que la justice puisse demeurer (2P 3.13). De plus, sur la terre renouvelée, les humains auront toujours la responsabilité de prendre soin de la terre et des animaux. Esaïe 65.17-25 décrit en détail les actes accomplis sur la nouvelle terre qui incluent la plantation de vignes et l'absence totale de douleur ou de destruction.

Plutôt que d'indiquer que nous ne devrions pas prendre soin de la terre, parce qu'elle brûlerait intégralement, 2 Pierre 3.7-12 nous exhorte à prendre mieux soin de la terre que nous le faisons maintenant ! « Comment ne devriez-vous pas vivre ! C'est avec une conduite sainte et avec piété » (2P 3.11). La terre appartient à Dieu, Dieu prend soin de la terre, Dieu la rachètera, et Dieu attend de nous que nous en prenions soin jusqu'à son retour. L'eschatologie ne nie pas le soin de la terre, mais le présuppose et l'encourage.

Conclusion

La création, les lois du sabbat, les images de la nouvelle terre, et beaucoup d'autres passages bibliques examinés brièvement ci-dessus, fournissent des justifications clés pour la nécessité de continuer à prendre soin de la terre. Dans notre théologie de la sauvegarde de la création, nous ne pouvons pas rejeter l'idée de prendre soin de la terre en pensant qu'elle finira par brûler de toutes façons. La Bible rend toute l'humanité responsable de la préservation de la terre et du soin de toutes les créatures vivantes, engageant notre responsabilité depuis avant le péché jusqu'à la terre renouvelée.

Ainsi, l'eschatologie fournit une motivation déterminante pour l'écologie. Les humains doivent prendre soin de la terre maintenant, surtout à la lumière du récit biblique de la création du monde par Dieu et de la continuité future avec la terre renouvelée. Bien que beaucoup prennent soin de la terre même s'ils ne sont pas des gardiens du sabbat ou des chrétiens, les adventistes ont un devoir spécial d'être impliqués dans les efforts de sauvegarde en raison des liens entre la création originelle et la recréation de la nouvelle terre. A la lumière de ces liens, les adventistes du septième jour croient que la préservation est non seulement nécessaire, mais aussi une responsabilité donnée par Dieu à l'humanité. Le soin de la terre était la responsabilité de l'humanité avant le péché, après le péché, et continuera de l'être sur la terre faite nouvelle. Nous devons prendre soin de ceux qui ont moins de chance que nous, y compris les animaux et toute vie sur terre, non comme une corvée, mais comme une offrande de reconnaissance pour notre rédemption par Dieu, dans l'attente de la rédemption du monde entier.

La terre continue d'être notre foyer pour l'éternité, et la compréhension adventiste de la nouvelle terre est que nous ne flotterons pas sur les nuages comme des esprits. Le monde physique est bon, très bon, et c'est ce que Dieu a voulu depuis le commencement. Nos corps physiques seront présents sur la terre physique après la destruction du péché. Les nouveaux cieux et la nouvelle terre ne sont pas des lieux pour les esprits, mais des lieux physiques où nous pourrons vivre.

Notre attention pour la terre se poursuivra également sur la nouvelle terre, qui est simplement la terre renouvelée. Dieu y ramènera sa maison pour qu'elle redevienne la nôtre. En effet, Dieu détruira ceux qui détruisent la terre (Ap 11.18), indiquant que le soin de la terre est intimement lié au fait d'être disciple de Dieu. Ainsi, je soutiens qu'une eschatologie pertinente présuppose et nécessite de prendre soin de la terre maintenant, plutôt que de s'y opposer.

servir
revue adventiste de théologie

Numéro 4 (Printemps 2019)

Editorial
« Je viens bientôt ».   p. 3-5
Roland Meyer

Etre et dire vrai ! La notion de *parrêsia*   p. 7-28
dans une perspective théologique.
Gabriel Monet

L'ascèse, l'hésychia et le sabbat spirituel.   p. 29-46
Une introduction à la spiritualité
des Pères orientaux des premiers siècles.
Emilie Escure-Delpeuch

Qu'est-ce que l'eschatologie adventiste ?   p. 47-61
Angel Manuel Rodriguez

« Bientôt » ? Le langage de l'imminence   p. 63-76
eschatologique dans l'Apocalypse.
Laszlo Gallusz

Education et eschatologie. Pourquoi l'éducation   p. 77-96
théologique est-elle nécessaire ?
Jiri Moskala

Eschatologie et écologie. Pourquoi prendre soin   p. 97-110
de la terre si tout va brûler ?
Rahel Wells